Die Botschaft der Psalmen

Mit dem Papst beten

Benedikt XVI.

Die Botschaft der Psalmen

Mit dem Papst beten

Verlag Katholisches Bibelwerk

www.bibelwerk.de
ISBN 3-460-32079-6

Gestaltung: Finken & Bumiller, Stuttgart
Druck und Bindung: Druckerei C.H. Beck, Nördlingen

Inhaltsverzeichnis

Vorwort

Das Buch der Psalmen zählt zu den großen Texten des Alten Testaments. Eine über Jahrhunderte gehende Gebets- und Glaubensgeschichte Israels hat in den Gebeten des Psalters ihren Niederschlag gefunden.

¶ Menschen haben im Aufblick zu Gott, im Aussprechen ihrer Not die Kraft gefunden, ihr Leben zu bewältigen. Welch ein Reichtum! Dank und Jubel, Begeisterung und Freude haben in den Psalmen ihren Ausdruck gefunden, öfter aber Not und Gefahr, Ratlosigkeit und Angst, bis hin zum zweifelnden Fragen und Suchen, zum Herausschreien der eigenen Not. Aber selbst der Aufschrei geht für die Beter der Psalmen nicht in den leeren Himmel, er richtet sich an ein Du, dem der betende Mensch seine Not entgegenschreit.

¶ Papst Benedikt XVI. hat seit seiner ersten Generalaudienz am 27. April 2005 an die Tradition von Papst Johannes Paul II. angeknüpft, den versammelten Gläubigen die Psalmen der Laudes und der Vesper zu kommentieren und uns geistlich zu erschließen. Damit greift er ein Anliegen des Zweiten Vatikanischen Konzils auf, das Stundengebet auch im täglichen Leben der Gemeinden zu verwurzeln.

¶ Das vorliegende Buch umfasst alle Psalmkatechesen Papst Benedikts XVI. und ergänzt sie durch die Ausführungen seines Vorgängers. Die Zusammenstellung der

Psalmen orientiert sich an den thematischen Schwerpunkten der einzelnen Katechesen, die der Heilige Vater in seinen Ansprachen in den Vordergrund gestellt hat. Ergänzt durch die Psalmentexte der ökumenisch verantworteten Einheitsübersetzung, erschließt sich die Botschaft der Psalmen auf besonders eindringliche Weise.

Pfingsten 2006

Dr. Franz-Josef Ortkemper
Direktor des
Katholischen Bibelwerks e.V.

Gott
der eint

Psalm 113,1–9

1 Halleluja!
Lobet, ihr Knechte des Herrn,
lobt den Namen des Herrn!
2 Der Name des Herrn sei gepriesen
von nun an bis in Ewigkeit.
3 Vom Aufgang der Sonne bis zum Untergang
sei der Name des Herrn gelobt.
4 Der Herr ist erhaben über alle Völker,
seine Herrlichkeit überragt die Himmel.
5 Wer gleicht dem Herrn, unserm Gott,
im Himmel und auf Erden,
6 ihm, der in der Höhe thront,
der hinabschaut in die Tiefe,
7 der den Schwachen aus dem Staub emporhebt
und den Armen erhöht, der im Schmutz liegt?
8 Er gibt ihm einen Sitz bei den Edlen,
bei den Edlen seines Volkes.
9 Die Frau, die kinderlos war, lässt er im Hause wohnen;
sie wird Mutter und freut sich an ihren Kindern.
Halleluja!

Liebe Brüder und Schwestern!

Bevor wir nun eine kurze Auslegung des eben gesungenen Psalms vornehmen, möchte ich daran erinnern, dass heute der Geburtstag unseres geliebten Papstes Johannes

Pauls II. ist. Er wäre heute 85 Jahre alt geworden, und wir sind sicher, dass er uns vom Himmel aus sieht und bei uns ist. Wir wollen bei dieser Gelegenheit dem Herrn für das Geschenk dieses Papstes danken und wir wollen dem Papst selbst für alles danken, was er getan und gelitten hat.

1. Soeben erklang in seiner Schlichtheit und Schönheit der Psalm 113, der gleichsam das Eingangstor zu einer kleinen Reihe von Psalmen ist, die vom 113. bis zum 118. reicht und herkömmlich als »das ägyptische Hallel« bezeichnet wird. Es ist das Halleluja, das heißt der Lobgesang, der die Befreiung aus der Knechtschaft des Pharaos und Israels Freude darüber preist, dem Herrn in Freiheit im verheißenen Land zu dienen (vgl. Ps 114).

¶ Nicht ohne Grund hatte die jüdische Überlieferung diese Folge von Psalmen mit der Pascha- Liturgie in Zusammenhang gebracht. Die entsprechend seinen historisch-sozialen und vor allem spirituellen Dimensionen begangene Feier jenes Ereignisses wurde als Zeichen der Befreiung vom Bösen in seinen vielfältigen Erscheinungsformen empfunden.

¶ Der 113. Psalm ist ein kurzer Hymnus, der im hebräischen Original aus nur 60 Worten besteht, die alle von Gefühlen des Vertrauens, der Lobpreisung und der Freude erfüllt sind.

2. Die erste Strophe (vgl. Ps 113,1–3) preist »den Namen des Herrn«, der im Sprachgebrauch der Bibel bekanntlich auf die Person Gottes selbst, auf seine lebendige und tätige Gegenwart in der menschlichen Geschichte hinweist.

¶ Dreimal und mit leidenschaftlicher Eindringlichkeit erklingt im Mittelpunkt der Anbetung »der Name des Herrn«. Alles Sein und alle Zeit – »vom Aufgang der Sonne bis zu ihrem Untergang«, sagt der Psalmist (V. 3) – sind hineingenommen in ein einziges Dankgebet. Es ist, als stiege unaufhörlich ein Chor von der Erde zum Himmel empor, um den Herrn, Schöpfer des Alls und König der Geschichte, zu preisen.

3. Durch diese Bewegung nach oben führt uns der Psalm zum göttlichen Geheimnis. Denn der zweite Teil (vgl. V. 4–6) verherrlicht die Transzendenz des Herrn, beschrieben mit vertikalen Bildern, die den rein menschlichen Horizont übersteigen. Es wird verkündet: Der Herr ist »erhaben«, »er thront in der Höhe«, und keiner vermag ihm gleich zu sein; auch um die Himmel zu schauen, muss er »hinabschauen in die Tiefe«, denn »seine Herrlichkeit überragt die Himmel« (V. 4).

¶ Der göttliche Blick richtet sich auf die gesamte Wirklichkeit, auf die irdischen und auf die himmlischen Wesen. Doch seine Blicke sind nicht hochmütig und unbeteiligt wie die eines kaltblütigen Herrschers. Der Herr – sagt der Psalmist – beugt sich hinab, er »schaut hinab in die Tiefe« (V. 6).

4. So kommt man zur letzten Bewegung des Psalms (vgl. V. 7–9), die die Aufmerksamkeit von den himmlischen Höhen auf unseren irdischen Horizont verlagert. Der Herr beugt sich mit zuvorkommender Sorge herab zu unserer Geringheit und unserem Elend, das uns dazu verleiten könnte, uns ängstlich zurückzuziehen. Er richtet seinen liebevollen Blick und sein eifriges Wirken direkt auf die Geringsten und Ärmsten dieser Welt: »Er hebt den Schwachen aus dem Staub empor und erhöht den Armen, der im Schmutz liegt« (V. 7).

¶ Gott beugt sich also hinab zu den Bedürftigen und Leidenden, um sie zu trösten. Und dieses Wort findet seine letzte Verdichtung, seinen letzten Realismus in dem Augenblick, in dem sich Gott hinabbeugt, um Mensch zu werden, um einer von uns, ja einer der Armen der Welt zu werden. Dem Armen verleiht er die größte Ehre, nämlich »einen Sitz bei den Edlen« zu haben; ja »bei den Edlen seines Volkes« (V. 8). Der alleinstehenden und kinderlosen Frau, die von der antiken Gesellschaft geächtet wurde, als wäre sie ein dürrer, nutzloser Zweig, schenkt Gott die Ehre und große Freude, mehrere Kinder zu haben (vgl. V. 9). Der Psalmist lobt also einen Gott, der in seiner Größe ganz anders ist als wir, aber zugleich seinen leidenden Geschöpfen sehr nahe.

¶ Es liegt nahe, in diesen Schlussversen des 113. Psalms intuitiv eine Vorwegnahme der Worte Marias im Magnifikat zu erkennen, dem Gesang von der Erwählung durch Gott, der »auf die Niedrigkeit seiner Magd geschaut hat«. Radikaler als unser Psalm verkündet Maria, dass Gott die Mächtigen vom Thron stürzt und die Niedrigen erhöht (vgl. Lk 1,48.52; vgl. Ps 113,6–8).

5. Ein sehr alter »Vesperhymnus«, der in den sogenannten Constitutiones Apostolorum (VII, 48) erhalten ist, greift die freudige Einleitung unseres Psalms auf und entwickelt sie weiter. Wir führen ihn zum Abschluss unserer Betrachtung hier an, um die »christliche« Lesart der Psalmen durch die Urgemeinde zu veranschaulichen: »Lobt, Kinder, den Herrn, / lobt den Namen des Herrn. / Wir loben dich, wir besingen dich, wir preisen dich / für deine unermessliche Herrlichkeit. / Königlicher Herr, Vater Christi, des unbefleckten Lammes, / das hinwegnimmt die Sünde der Welt. / Dir gebührt das Lob, dir der Lobgesang, dir Lobpreis und Ehre, / Gottvater durch den Sohn im Heiligen Geist / von Ewigkeit zu Ewigkeit. Amen« (S. Priocco – M. Simonetti, La preghiera dei cristiani, Mailand 2000, S. 97).

¶ *Ein Hymnus des Vertrauens, der Lobpreisung und der Freude ist Psalm 113, der die Reihe der »Hallelpsalmen« eröffnet, die an die Befreiung Israels aus der Knechtschaft Ägyptens erinnern. Der Name des Herrn, Gott selbst, steht darin im Mittelpunkt. Alles Sein und alle Zeit sind hineingenommen in ein einziges Dankgebet: »Vom Aufgang der Sonne bis zum Untergang sei der Name des Herrn gelobt!« (Ps 113,3). Unaufhörlich steigt der Lobgesang des Gottesvolkes zum Schöpfer und Herrn der Geschichte auf. Seine Herrlichkeit überragt Himmel und Erde. Doch dies bedeutet keineswegs, dass Gott dem Menschen fernbliebe. In unerschöpflicher Liebe blickt er auf die Bedürftigen und Leidenden, die er tröstet und denen er zu Hilfe eilt. Der Lobpreis der Größe Gottes ist deshalb zugleich Ausdruck des Vertrauens auf seine rettende Nähe.*

Benedikt XVI. am 18. Mai 2005

Psalm 118

1 Danket dem Herrn, denn er ist gütig,
denn seine Huld währt ewig.
2 So soll Israel sagen:
Denn seine Huld währt ewig.
3 So soll das Haus Aaron sagen:
Denn seine Huld währt ewig.
4 So sollen alle sagen, die den Herrn fürchten und ehren:
Denn seine Huld währt ewig.
5 In der Bedrängnis rief ich zum Herrn;
der Herr hat mich erhört und mich frei gemacht.
6 Der Herr ist bei mir, ich fürchte mich nicht.
Was können Menschen mir antun?
7 Der Herr ist bei mir, er ist mein Helfer;
ich aber schaue auf meine Hasser herab.
8 Besser, sich zu bergen beim Herrn,
als auf Menschen zu bauen.
9 Besser, sich zu bergen beim Herrn,
als auf Fürsten zu bauen.
10 Alle Völker umringen mich;
ich wehre sie ab im Namen des Herrn.
11 Sie umringen, ja, sie umringen mich;
ich wehre sie ab im Namen des Herrn.
12 Sie umschwirren mich wie Bienen,
wie ein Strohfeuer verlöschen sie;
ich wehre sie ab im Namen des Herrn.

13 Sie stießen mich hart, sie wollten mich stürzen;
der Herr aber hat mir geholfen.
14 Meine Stärke und mein Lied ist der Herr;
er ist für mich zum Retter geworden.
15 Frohlocken und Jubel erschallt in den Zelten /
der Gerechten:
»Die Rechte des Herrn wirkt mit Macht!
16 Die Rechte des Herrn ist erhoben,
die Rechte des Herrn wirkt mit Macht!«
17 Ich werde nicht sterben, sondern leben,
um die Taten des Herrn zu verkünden.
18 Der Herr hat mich hart gezüchtigt,
doch er hat mich nicht dem Tod übergeben.
19 Öffnet mir die Tore zur Gerechtigkeit,
damit ich eintrete, um dem Herrn zu danken.
20 Das ist das Tor zum Herrn,
nur Gerechte treten hier ein.
21 Ich danke dir, dass du mich erhört hast;
du bist für mich zum Retter geworden.
22 Der Stein, den die Bauleute verwarfen,
er ist zum Eckstein geworden.
23 Das hat der Herr vollbracht,
vor unseren Augen geschah dieses Wunder.
24 Dies ist der Tag, den der Herr gemacht hat;
wir wollen jubeln und uns an ihm freuen.
25 Ach, Herr, bring doch Hilfe!
Ach, Herr, gib doch Gelingen!

26 Gesegnet sei er, der kommt im Namen des Herrn.
Wir segnen euch vom Haus des Herrn her.
27 Gott, der Herr, erleuchte uns.
Mit Zweigen in den Händen
schließt euch zusammen zum Reigen
bis zu den Hörnern des Altars!
28 Du bist mein Gott, dir will ich danken;
mein Gott, dich will ich rühmen.
29 Dankt dem Herrn, denn er ist gütig,
denn seine Huld währt ewig.

Liebe Schwestern und Brüder!

1. Wenn der Christ im Einklang mit der betenden Stimme Israels den Psalm 118 singt, den wir soeben gehört haben, spürt er in seinem Innern eine besondere Emotion, denn er findet in diesem stark liturgisch geprägten Hymnus zwei Sätze, die im Neuen Testament mit neuem Klang widerhallen werden. Mit dem ersten Satz ist Vers 22 gemeint: »Der Stein, den die Bauleute verwarfen, er ist zum Eckstein geworden.« Diese Worte zitiert Jesus, nachdem er das Gleichnis mit den bösen Winzern erzählt hat, und er wendet sie auf seine Sendung des Todes und der Herrlichkeit an (vgl. Mt 21,42). Sie werden auch von Petrus in der Apostelgeschichte wiederaufgenommen: »Er (Jesus) ist der Stein, der von euch Bauleuten verworfen wurde, der aber zum Eckstein geworden ist. Und in keinem anderen

ist das Heil zu finden. Denn es ist uns Menschen kein anderer Name unter dem Himmel gegeben, durch den wir gerettet werden sollen« (Apg 4,11–12). Cyrill von Jerusalem merkt hierzu an: »Wir reden von ›einem‹ Herrn Jesus Christus, damit eins sei die Sohnschaft. Von ›einem‹ reden wir, damit du nicht noch einen anderen Sohn annimmst [...] Christus wird als ›Stein‹ bezeichnet. Nicht ist er ein lebloser, von Menschenhänden gehauener Stein; er ist ein Eckstein, und wer auf diesen vertraut, wird nicht zuschanden werden« (X. Katechese an die Täuflinge, 3; aus: BKV, Bd. 41, 1922).

¶ Der zweite Satz, den das Neue Testament aus dem Psalm 118 übernimmt, wird von der Menschenmenge beim feierlichen messianischen Einzug Christi in Jerusalem verkündet: »Gesegnet sei er, der kommt im Namen des Herrn!« (Mt 21,9; vgl. Ps 118,26). Die Akklamation wird durch das »Hosanna« eingerahmt, das an die hebräische Anrufung »hoshia'na'«– »rette uns!« – anknüpft.

2. Dieser wundervolle biblische Hymnus gehört zu der kleinen Psalmensammlung – vom 113. bis zum 118. Psalm – der als »österliches Hallel« bezeichnet wird; es handelt sich also um das Psalmenlob, das im jüdischen Gottesdienst für das Paschafest und auch für die Hauptfeste des liturgischen Jahres verwendet wurde. Als Leitfaden des Psalms 118 kann der Prozessionsritus betrachtet werden, der wahrscheinlich von Gesängen für einen Solisten und

einen Chor untermalt wurde, vor dem Hintergrund der Heiligen Stadt und ihres Tempels. Eine schöne Antiphon eröffnet und beschließt den Text: »Danket dem Herrn, denn er ist gütig, denn seine Huld währt ewig« (V. 1.29).

¶ Das Wort »Huld« übersetzt hier den hebräischen Begriff »hesed«, der die großzügige Treue Gottes gegenüber seinem verbündeten und befreundeten Volk zum Ausdruck bringt. In den Lobpreis dieser Treue werden drei Kategorien von Menschen einbezogen: das gesamte Volk Israel, das »Haus Aaron«, das heißt die Priester, und all jene, »die den Herrn fürchten«. Dieser Ausdruck steht für die Gläubigen und später auch die Proselyten, also die Mitglieder anderer Nationen, die sich zum Gesetz des Herrn bekehren möchten (vgl. V. 2–4).

3. Die Prozession scheint durch die Straßen Jerusalems zu ziehen, denn es ist von den »Zelten der Gerechten« die Rede (vgl. V. 15). Auf jeden Fall wird ein Dankeshymnus gebetet (vgl. V. 5–18), dessen Botschaft sich aufs Wesentliche beschränkt: Auch in Stunden der Verzweiflung muss man die Fackel des Vertrauens hochhalten, denn die mächtige Hand des Herrn führt seine Gläubigen zum Sieg über das Böse und zum Heil.

¶ Der heilige Verfasser benutzt eindrucksvolle und lebhafte Bilder: Die grausamen Gegner werden mit einem Bienenschwarm oder mit einer Flammenwand, die sich ausbreitet und alles zu Asche macht, verglichen (vgl. V. 12).

Aber die Reaktion des Gerechten, der vom Herrn unterstützt wird, ist heftig. Dreimal wird wiederholt: »… ich wehre sie ab im Namen des Herrn« (V. 10.11.12), und das hebräische Verb bezeichnet ein zerstörerisches Eingreifen gegen das Böse. Ausgangsbasis ist nämlich die starke Rechte Gottes, also sein wirksames Handeln, und gewiss nicht die schwache und unsichere Hand des Menschen. Aus diesem Grund führt die Freude über den Sieg über das Böse zu einem eindrucksvollen Glaubensbekenntnis: »Meine Stärke und mein Lied ist der Herr; er ist für mich zum Retter geworden« (V. 14).

4. Die Prozession scheint beim Tempel, bei den »Toren zur Gerechtigkeit« (vgl. V. 19), das heißt bei der heiligen Pforte Zions, angelangt zu sein. Hier wird ein zweiter Dankesgesang angestimmt; er beginnt mit einem Dialog zwischen der Gemeinde und den Priestern, um zum Gottesdienst zugelassen zu werden. »Öffnet mir die Tore zur Gerechtigkeit, damit ich eintrete, um dem Herrn zu danken«, sagt der Solist im Namen der Prozessionsversammlung. »Das ist das Tor zum Herrn, nur Gerechte treten hier ein« (V. 19–20), antworten andere, wahrscheinlich die Priester.

¶ Nachdem man eingetreten ist, wird die Stimme zu einer Dankeshymne an den Herrn erhoben, denn er bietet sich im Tempel als fester und sicherer »Stein« an, auf dem man das Haus des Lebens bauen kann (vgl. Mt 7,24–25). Ein priesterlicher Segen kommt auf die Gläubigen herab, die in den Tempel gegangen sind, um ihren Glauben zu bekennen, ihr Gebet zu verrichten und den Gottesdienst zu feiern.

5. Die letzte Szene, die sich vor unseren Augen abspielt, besteht aus einem freudigen Ritus heiliger Tänze, begleitet vom festlichen Schwingen der Zweige: »Mit Zweigen in den Händen schließt euch zusammen zum Reigen, bis zu den Hörnern des Altars« (V. 27). Die Liturgie ist Freude, festliche Begegnung, Ausdruck des gesamten Daseins, das den Herrn lobt. Die Zeremonie der Zweige lässt an das jüdische Laubhüttenfest denken, den Tag des Gedenkens an den Pilgerweg Israels durch die Wüste: Zu diesem Fest wurde eine Prozession mit Palmen, Myrten und Weidenzweigen unternommen.

¶ Der gleiche Ritus, von dem im Psalm die Rede ist, bietet sich dem Christen beim Einzug Jesu in Jerusalem, der in der Palmsonntagsliturgie gefeiert wird. Christus wird als »Sohn Davids« gepriesen (vgl. Mt 21,9) von der Volksmenge, »die sich zum Fest eingefunden hatte [...] Da nahmen sie Palmzweige, zogen hinaus, um ihn zu empfangen, und riefen: Hosanna! Gesegnet sei er, der kommt im Namen des Herrn, der König Israels!« (Joh 12,12–13). In jener freudigen Stunde, die aber auch das Leiden und den Tod Jesu einleitet, verwirklicht sich und wird der volle Sinn des zu Beginn angeführten Symbols des Ecksteins verständlich, der damit eine glorreiche und österliche Bedeutung annimmt.

Der Psalm 118 ermutigt die Christen, im Osterereignis Jesu jenen Tag zu erkennen, »den der Herr gemacht hat« (V. 24) und an dem »der Stein, den die Bauleute verworfen haben, zum Eckstein geworden ist« (vgl. V. 22). Mit dem Psalm können sie daher voller Dankbarkeit singen: »Meine Stärke und mein Lied ist der Herr; er ist für mich zum Retter geworden« (V. 14). »Dies ist der Tag, den der Herr gemacht hat; wir wollen jubeln und uns an ihm freuen« (V. 24).

¶ *Der Psalm, den wir heute gehört haben, rührt unsere Herzen an. Mancher Vers trägt eine solche Schwere an Bedeutung in sich, dass er uns nicht kalt lassen kann.*

¶ *Da ist zuerst der Jubelruf: »Der Stein, den die Bauleute verworfen haben, er ist zum Eckstein geworden«. An einem Stein kann man sich stoßen, an einen Stein kann man sich aber auch klammern, um festen Stand und sicheren Tritt zu finden. Für uns Christen ist Jesus ein solcher Haltegriff. Er ist zum Eckstein des Lebens geworden.*

¶ *Deshalb nimmt es nicht Wunder, dass wir ihn mit »Hosianna« willkommen heißen: »Gepriesen sei, der da kommt im Namen des Herrn«. In der Tat: Jesus Christus ist die Tür zum Leben. Durch sie treten die Gerechten ins wahre Leben ein.*

¶ *Nicht nur am Palmsonntag, sondern auch im Advent hat dieser Prozessionspsalm seinen besonderen Platz. »Macht hoch die Tür, die Tor' macht weit! Es kommt der Herr der Herrlichkeit!«.*

Johannes Paul II. am 5. Dezember 2001

Psalm 135,13–21

13 Herr, dein Name währt ewig,
das Gedenken an dich, Herr,
dauert von Geschlecht zu Geschlecht.
14 Denn der Herr verschafft Recht seinem Volk;
er hat mit seinen Knechten Mitleid.
15 Die Götzen der Heiden sind nur Silber und Gold,
ein Machwerk von Menschenhand.
16 Sie haben einen Mund und reden nicht,
Augen und sehen nicht;
17 sie haben Ohren und hören nicht;
auch ist kein Hauch in ihrem Mund.
18 Die sie gemacht haben, sollen ihrem Machwerk / gleichen,
alle, die den Götzen vertrauen.
19 Haus Israel, preise den Herrn!
Haus Aaron, preise den Herrn!
20 Haus Levi, preise den Herrn!
Alle, die ihr den Herrn fürchtet, preist den Herrn!
21 Gepriesen sei der Herr auf Zion,
er, der thront in Jerusalem.
Halleluja!

Liebe Brüder und Schwestern!

1. Der Psalm 135, ein österlich klingendes Lied, wird uns von der Liturgie der Vesper in zwei Teilen angeboten. So-

eben haben wir den zweiten Teil (vgl. V. 13–21) gehört, der vom Halleluja besiegelt wird, dem Lobgesang an den Herrn, mit dem der Psalm begonnen hat.

¶ Während der Psalmist im ersten Teil des Hymnus an das Ereignis des Exodus erinnert, den Mittelpunkt der Paschafeier Israels, stellt er jetzt zwei religiöse Sichtweisen einander deutlich gegenüber. Auf der einen Seite steht der lebendige und personale Gott, der die Mitte des wahren Glaubens ist (vgl. V. 13–14). Seine Gegenwart ist wirksam und heilbringend. Der Herr ist keine unbewegliche, abwesende Wirklichkeit, sondern eine lebendige Person, er »führt« seine Gläubigen, er »hat Mitleid« mit ihnen und stützt sie durch seine Macht und Liebe.

2. Andererseits kommt der Götzendienst zum Vorschein (vgl. V. 15–18), Ausdruck einer fehlgeleiteten und trügerischen Religiosität. In der Tat ist der Götze nichts anderes als »ein Machwerk von Menschenhand«, ein Produkt der menschlichen Wünsche; er ist unfähig, die kreatürlichen Grenzen zu überschreiten. Er hat zwar die Form eines Menschen mit Mund, Augen, Ohren, Kehle, aber er ist unfähig, leblos, wie es eben bei einer unbelebten Statue der Fall ist (vgl. Ps 115,4–8).

¶ Das Schicksal des Menschen, der diese toten Wirklichkeiten anbetet, besteht darin, ihnen ähnlich, machtlos, zerbrechlich, leblos zu werden. Bei dieser Beschreibung des Götzendienstes als falscher Religion kommt klar die ewige Versuchung des Menschen zum Ausdruck, im »Machwerk von Menschenhand« Heil zu suchen, indem er seine Hoffnungen auf Reichtum, Macht, Erfolg und Besitz setzt. Leider geschieht mit dem, der sich so verhält, der also Reichtum und Besitz anbetet, das, was schon der Prophet Jesaja deutlich beschrieben hat: »Wer Asche hütet, den hat sein Herz verführt und betrogen. Er wird sein Leben nicht retten und wird nicht sagen: Ich halte ja nur ein Trugbild in meiner rechten Hand« (Jes 44,20).

3. Nach dieser Betrachtung über die wahre und die falsche Religion, über den echten Glauben an den Herrn des Universums und der Geschichte und über den Götzendienst endet Psalm 135 mit einem liturgischen Lobpreis (vgl. V. 19–21), in dem eine Reihe von Personen auftreten, die bei der Feier im Tempel von Zion mitwirken (vgl. Ps 115,9–13).

¶ Von der ganzen Gemeinde, die im Tempel versammelt ist, steigt zu Gott, dem Schöpfer der Welt und Retter seines Volkes in der Geschichte, ein vielstimmiger Lobpreis auf, der in der Vielfalt der Stimmen und Einfachheit des Glaubens Ausdruck findet.

¶ Die Liturgie ist der bevorzugte Ort, um das Wort Gottes zu hören, das die Heilstaten des Herrn vergegenwärtigt, aber sie ist auch der Bereich, in dem das gemeinschaftliche Gebet aufsteigt, das die göttliche Liebe lobpreist. Gott und Mensch umarmen einander in einer heilbringenden Begegnung, die gerade in der Feier der Liturgie ihre Vollendung findet. Wir könnten sagen, dass dies gleichsam eine Definition der Liturgie ist: sie verwirklicht eine heilbringende Umarmung zwischen Gott und Mensch.

4. In seinem Kommentar über diese Psalmverse zu den Götzen und zu der Ähnlichkeit, die all jene mit ihnen haben, die ihnen vertrauen (vgl. Ps 135,15–18), schreibt Augustinus: »In der Tat – glaubt mir, Brüder – macht sich in ihnen eine gewisse Ähnlichkeit mit ihren Götzen bemerkbar, zwar nicht in ihrem Körper, aber in ihrem inneren Menschen. Sie haben Ohren, aber sie hören nicht, wenn Gott zu ihnen spricht: ›Wer Ohren hat, der höre!‹ Sie haben Augen, aber sie sehen nicht; das heißt, sie haben leibliche Augen, aber nicht das Auge des Glaubens.« Sie nehmen die Gegenwart Gottes nicht wahr. Sie haben Augen und sehen nicht. Ebenso »haben sie Nasenflügel, können aber die Gerüche nicht unterscheiden. Sie sind nicht fähig, den Wohlgeruch zu empfinden, von dem der Apostel sagt: Wir sind Christi Wohlgeruch an jedem Ort (vgl. 2 Kor 2,15). Welchen Nutzen haben sie von ihren Nasenflügeln, wenn diese den Wohlgeruch Christi nicht einatmen können?«

¶ Augustinus stellt fest, dass es immer noch Personen gibt, die an den Götzendienst gebunden sind, und dies trifft auch zu auf unsere Zeit mit ihrem Materialismus, der ein Götzendienst ist. Augustinus fügt hinzu: Auch wenn es weiterhin diese Menschen gibt und wenn dieser Götzendienst fortdauert, so »gibt es doch jeden Tag Leute, die von den Wundertaten Christi, unseres Herrn, überzeugt sind und den Glauben annehmen – und Gott sei Dank ist das auch heute so! – Tagtäglich öffnen sich den Blinden die Augen, den Tauben die Ohren, beginnen die zuvor verschlossenen Nasen zu atmen, und es lösen sich die Zungen der Stummen, es festigen sich die Glieder der Gelähmten, es gesunden die Füße der Verkrüppelten. Aus allen diesen Steinen werden Kinder Abrahams gemacht (vgl. Mt 3,9). Man sage also zu ihnen: ›Haus Israel, preise den Herrn!‹ … Preiset den Herrn, ihr Völker im allgemeinen! Das heißt: ›Haus Israel‹. Preist ihn, ihr ›Hirten der Kirche‹! Das heißt: ›Haus Aaron‹. Preist ihn, ihr Diener der Kirche! Das heißt: ›Haus Levi‹. Und was ist über die anderen Völker zu sagen? ›Ihr, die ihr den Herrn fürchtet, preiset den Herrn!‹« (Esposizione sul Salmo 134,24–25: Nuova Biblioteca Agostiniana, XXVIII, Rom 1977, S. 375–377).

¶ Lasst uns diese Einladung annehmen und den Herrn, den lebendigen und wahren Gott, loben, preisen und anbeten.

¶ *Zu Beginn dieser Audienz wurde uns der zweite Teil des Psalms 135 vorgetragen. Dieser enthält eine Gegenüberstellung von wahrer und falscher Religion: In der Mitte des wahren Glaubens steht der lebendige und personale Gott. Seine*

Gegenwart ist wirkmächtig und bringt Heil. Der Herr ist Leben; er führt und schützt die Gläubigen. Hingegen wird der Götzendienst als trügerische und irrige Religiosität entlarvt. Götzen sind bloß Produkte allzu menschlicher Wünsche und Machwerk ohne Leben. Im Grunde entspringen sie der alten Versuchung des Menschen, sich sein eigenes Heil zu schaffen im falschen Vertrauen auf materiellen Reichtum, auf Macht und Erfolg.

¶ *Unser Psalm endet mit einem vielstimmigen Lobpreis Gottes. In der Tat ist die Liturgie der vorzügliche Ort, um Gottes Wort zu hören und die Herzen gemeinsam zum Herrn zu erheben. Gott und Mensch begegnen einander in der Liturgie der Kirche, in der das Heil, das der Herr uns zuwendet, gewissermaßen sinnlich erfahrbar ist.*

Benedikt XVI. am 5. Oktober 2005

Psalm 144,1–8

1 [Von David]
Gelobt sei der Herr, der mein Fels ist,
der meine Hände den Kampf gelehrt hat,
meine Finger den Krieg.
2 Du bist meine Huld und Burg,
meine Festung, mein Retter,
mein Schild, dem ich vertraue.
Er macht mir Völker untertan.
3 Herr, was ist der Mensch, dass du dich um /
ihn kümmerst,
des Menschen Kind, dass du es beachtest?
4 Der Mensch gleicht einem Hauch,
seine Tage sind wie ein flüchtiger Schatten.
5 Herr, neig deinen Himmel und steig herab,
rühre die Berge an, sodass sie rauchen.
6 Schleudre Blitze und zerstreue die Feinde,
schieß deine Pfeile ab und jag sie dahin!
7 Streck deine Hände aus der Höhe herab und /
befreie mich;
reiß mich heraus aus gewaltigen Wassern,
aus der Hand der Fremden!
8 Alles, was ihr Mund sagt, ist Lüge,
Meineide schwört ihre Rechte.

Liebe Brüder und Schwestern!

1. Unsere Reise durch den Psalter, der im Stundengebet der Vesper verwendet wird, führt heute zu einem königlichen Hymnus: Psalm 144. Dessen erster Teil ist soeben erklungen, denn die Liturgie stellt uns diesen Gesang in zwei Teilen vor.

¶ Der erste Teil (vgl. V. 1–8) enthüllt auf sehr klare Weise den literarischen Charakter dieser Komposition: Der Psalmist greift auf Zitate aus anderen Psalmtexten zurück und artikuliert sie in einem neuen Gesangs- und Gebetsentwurf.

¶ Gerade weil der Psalm aus einer späteren Epoche stammt, fällt es leicht, daran zu denken, dass der König, der hier verherrlicht wird, nicht mehr die Züge des davidischen Herrschers hat, da das jüdische Königtum mit dem Babylonischen Exil des sechsten Jahrhunderts vor Christus zu Ende gegangen war, sondern dass er die glänzende und glorreiche Gestalt des Messias repräsentiert, dessen Sieg nicht mehr ein kriegerisch-politisches Ereignis ist, sondern ein befreiendes Eingreifen gegen das Böse. An die Stelle des »Messias« – das hebräische Wort bezeichnet den »Gesegneten«, wie es der Herrscher war – tritt so der »Messias« schlechthin, der in der christlichen Interpretation das Antlitz Jesu Christi trägt, »des Sohnes Davids, des Sohnes Abrahams« (Mt 1,1).

2. Der Hymnus wird mit einem Lob eröffnet, mit einem Ausruf des Lobes auf den Herrn, der mit einer kleinen Litanei von Heilstiteln gerühmt wird: Er ist der sichere und unverrückbare Fels, er ist die liebevolle Huld, die geschützte Festung, der Zufluchtsort, die Befreiung und der Schild, der jeden Angriff des Bösen abhält (vgl. Ps 144,1–2). Das ist auch das martialische Bild von Gott, der seinen Gläubigen für den Kampf schult, damit dieser sich der feindseligen Umgebung und den dunklen Mächten der Welt zu stellen vermag. ¶ Vor dem allmächtigen Herrn fühlt sich der Beter selbst in seiner königlichen Würde schwach und zerbrechlich. Da stößt er ein Bekenntnis seiner Demut hervor, das er in Worte fasst, die, wie gesagt, den Psalmen 8 und 39 entnommen sind: Er fühlt sich in der Tat wie ein »Hauch« und ein flüchtiger Schatten, kümmerlich und unbeständig, eingetaucht in den Fluss der Zeit, die verrinnt, gezeichnet von der Begrenztheit, die wesentlich zum Geschöpf gehört (vgl. Ps 144,4).

3. Daraus ergibt sich nun die Frage: Warum kümmert sich Gott überhaupt um dieses arme und schwache Geschöpf und beachtet es? Auf diese Frage (vgl. V. 3) antwortet die großartige Herabkunft Gottes, die sogenannte Theophanie, begleitet von einem Festzug aus kosmischen Elementen und historischen Ereignissen, die darauf ausgerichtet sind, die Transzendenz des höchsten Königs des Seins, des Universums und der Geschichte zu preisen.

¶ Da ist von Bergen die Rede, die wie bei Vulkanausbrüchen rauchen (vgl. V. 5), von Blitzen, die Pfeilen ähnlich sind und die Bösen auseinander treiben (vgl. V. 6), von den »gewaltigen Wassern« des Ozeans, die das Chaos symbolisieren, aus dem der König jedoch durch die Hand Gottes gerettet wird (vgl. V. 7). Im Hintergrund befinden sich die gottlosen Frevler, die lügen und Meineide schwören (vgl. V. 7–8), eine dem semitischen Stil entsprechende konkrete Darstellung des Götzendienstes, der moralischen Verirrung und des Bösen, das sich tatsächlich Gott und seinem Gläubigen widersetzt.

4. In unserer Betrachtung wollen wir uns nun zunächst auf das Bekenntnis der Demut konzentrieren, das der Psalmist ausspricht. Dazu vertrauen wir uns den Worten des Origenes an, dessen Kommentar zu dieser Textstelle in der lateinischen Version des hl. Hieronymus auf uns gekommen ist. »Der Psalmist spricht von der Zerbrechlichkeit des Leibes und der menschlichen Verfassung«, denn »was seine Verfassung angeht, ist der Mensch ein Nichts. ›Windhauch, Windhauch, das ist alles Windhauch‹, sagte Kohelet«. Aber da taucht wieder die erstaunte und dankbare Frage auf: »‚Herr, was ist der Mensch, dass du dich ihm offenbarst?‹ … Es ist eine große Glückseligkeit für den Menschen, seinen Schöpfer zu kennen. Darin unterscheiden wir uns von den wilden Tieren und den anderen Lebewesen: Wir wissen, dass wir unseren Schöpfer haben,

während sie das nicht wissen«. Es lohnt sich, ein wenig über diese Worte des Origenes nachzudenken, der den grundlegenden Unterschied zwischen dem Menschen und den anderen Lebewesen darin sieht, dass der Mensch fähig ist, Gott, seinen Schöpfer, zu erkennen, dass der Mensch fähig zur Wahrheit ist, fähig zu einer Kenntnis, die zur Beziehung, zur Freundschaft wird. In unserer Zeit ist es wichtig, dass wir neben allen anderen Kenntnissen, die wir inzwischen erworben haben – und sie sind überaus zahlreich! – Gott nicht vergessen! Alle diese Kenntnisse werden nämlich problematisch, ja manchmal gefährlich, wenn die grundlegende Kenntnis fehlt, die allem Sinn und Orientierung verleiht: die Kenntnis von Gott, dem Schöpfer.

¶ Kehren wir zu Origenes zurück. Er sagt: »Du wirst dieses Häufchen Elend, das der Mensch ist, nicht retten können, wenn du sein Elend nicht selbst auf dich nimmst. ›Herr, neige deinen Himmel und steig herab.‹ Dein verirrtes Schaf wird nicht gesund werden können, wenn du es nicht auf deine Schultern nimmst … Diese Worte sind an den Sohn gerichtet: ›Herr, neige deinen Himmel und steig herab‹ … Du bist herabgestiegen, du hast den Himmel herabgesenkt und von oben deine Hand ausgestreckt und dich herabgelassen, das Fleisch des Menschen auf dich zu nehmen, und viele haben an dich geglaubt« (Origenes-Hieronymus, 74 Predigten über das Buch der Psalmen, Mailand 1993, S. 512–515). Für uns Christen ist Gott nicht mehr eine Hypothese wie in der Philosophie vor der Zeit des Christentums, sondern eine Realität, weil Gott »den Himmel geneigt hat und herabgestiegen ist«. Der Himmel ist er selbst, und er ist herabgestiegen mitten unter uns. Mit Recht sieht Origenes im Gleichnis vom verlorenen Schaf, das der Hirt auf seine Schultern nimmt, das Gleichnis von der Menschwerdung Gottes. Ja, in der Menschwerdung ist er herabgestiegen und hat unser Fleisch und damit uns selbst auf seine Schultern genommen. Auf diese Weise ist die Kenntnis Gottes Wirklichkeit geworden, sie ist Freundschaft, Gemeinschaft geworden. Danken wir dem Herrn, denn »er hat seinen Himmel geneigt und ist herabgestiegen«. Er hat unser Fleisch auf seine Schultern genommen und trägt uns auf den Wegen unseres Lebens.

¶ Der Psalm, der mit unserer Entdeckung beginnt, dass wir schwach und weit entfernt sind vom göttlichen Glanz, mündet schließlich in dieses große und wunderbare Staunen über das Wirken Gottes: Bei uns ist Gott-Immanuel, der für den Christen das liebevolle Antlitz Jesu Christi trägt, des Mensch gewordenen Gottes, der einer von uns geworden ist.

¶ *Im festen Vertrauen auf Gottes erbarmende Liebe stimmt der Beter von Psalm 144 dankbar einen Lobpreis des Allerhöchsten an. Er weiß sich unter dem Schutz des Herrn. Dies drückt der Psalmist in einer ganzen Reihe von Ehrentiteln aus: Der Herr ist sein Fels, seine Burg und Festung, sein Retter und Schild (vgl. V. 1–2). Vor der Größe und Güte Gottes erkennt der Gläubige zugleich die eigene Schwachheit: »Der Mensch gleicht einem Hauch, seine Tage sind wie ein flüchtiger Schatten« (V. 4).*

¶ *Diese demütige Erkenntnis führt aber zu einer neuen Einsicht: Gott kommt den Menschen entgegen! Der Schöpfer trägt Sorge für seine Geschöpfe. Er sendet seinen Sohn vom Himmel herab – als Mensch unter die Menschen. Im Staunen vor der Güte und Menschenfreundlichkeit Gottes lobpreisen wir Christen den Herrn als den Emmanuel. Er ist in der Tat der »Gott mit uns«, der sich im liebenden Antlitz Jesu Christi, unseres Erlösers, offenbart.*

Benedikt XVI. am 11. Januar 2006

Psalm 145,14–21

14 Der Herr stützt alle, die fallen,
und richtet alle Gebeugten auf.
15 Aller Augen warten auf dich
und du gibst ihnen Speise zur rechten Zeit.
16 Du öffnest deine Hand
und sättigst alles, was lebt, nach deinem Gefallen.
17 Gerecht ist der Herr in allem, was er tut,
voll Huld in all seinen Werken.
18 Der Herr ist allen, die ihn anrufen, nahe,
allen, die zu ihm aufrichtig rufen.
19 Die Wünsche derer, die ihn fürchten, erfüllt er,
er hört ihr Schreien und rettet sie.
20 Alle, die ihn lieben, behütet der Herr,
doch alle Frevler vernichtet er.
21 Mein Mund verkünde das Lob des Herrn.
Alles, was lebt, preise seinen heiligen Namen
immer und ewig!

Liebe Brüder und Schwestern!

1. Der Liturgie folgend, die ihn in zwei Teile untergliedert, kommen wir wieder auf Psalm 145 zurück, einen wunderbaren Gesang zu Ehren des Herrn, des liebevollen Königs, der sich um seine Geschöpfe kümmert. Wir wollen jetzt den zweiten Teil dieses Psalms betrachten: Es sind

die Verse 14–21, die das Grundthema des ersten Abschnittes des Hymnus wiederaufnehmen.

¶ Dort wurden das Mitleid, die Zärtlichkeit, die Treue und die Güte Gottes gepriesen, die sich auf die ganze Menschheit erstrecken und jedes Geschöpf miteinbeziehen. Nun richtet der Psalmist seine Aufmerksamkeit auf die Liebe, die der Herr in besonderer Weise für den Armen und Schwachen bereithält. Die göttliche Königswürde ist also nicht teilnahmslos und überheblich, wie es manchmal bei der Ausübung menschlicher Macht vorkommen kann. Gott bringt seine Königswürde dadurch zum Ausdruck, dass er sich zu den schwächsten und wehrlosesten Geschöpfen hinabbeugt.

2. Denn er ist zuallererst ein Vater, der »alle stützt, die fallen«, und diejenigen aufrichtet, die im Staub der Demütigung gefallen sind (vgl. V. 14). Die Lebenden sind folglich auf den Herrn hin ausgerichtet wie hungrige Bettler, und er bietet ihnen als ein fürsorglicher Vater die Nahrung an, die sie brauchen, um zu leben (vgl. V. 15).

¶ Hier kommt dem Beter das Bekenntnis des Glaubens an die beiden göttlichen Eigenschaften schlechthin auf die Lippen: Gerechtigkeit und Heiligkeit. »Gerecht ist der Herr in allem, was er tut, voll Huld in all seinen Werken« (V. 17). Im Hebräischen haben wir zwei typische Adjektive, um den Bund, der zwischen Gott und seinem Volk besteht, zu veranschaulichen: »saddiq« und »hasid«. Sie bezeichnen die Gerechtigkeit, die vom Bösen retten und befreien will, und die Treue, die Zeichen der liebevollen Größe des Herrn ist.

3. Der Psalmist stellt sich auf die Seite derer, die Wohltaten empfangen haben. Sie werden mit verschiedenen Ausdrücken bezeichnet, die gleichsam eine Darstellung des wahren Gläubigen sind. Dieser »ruft« den Herrn im vertrauensvollen Gebet an, »sucht« ihn im Leben »mit aufrichtigem Herzen« (vgl. V. 18), »fürchtet« seinen Gott, indem er seinen Willen achtet und seinem Wort gehorcht (vgl. V. 19), vor allem aber »liebt« er ihn in der Gewissheit, unter dem Mantel seines Schutzes und seiner Vertrautheit geborgen zu sein (vgl. V. 20).

¶ Das letzte Wort des Psalmisten ist somit jenes, mit dem er seinen Hymnus eröffnet hatte: eine Aufforderung, Gott und seinen »Namen«, das heißt seine lebendige und heilige Person, die in der Welt und in der Geschichte wirkt und heilt, zu loben und zu preisen. Ja, es ist geradezu ein Appell, um zu erreichen, dass sich jedes Geschöpf, das als Merkmal das Geschenk des Lebens aufweist, dem Lobpreis des Gläubigen anschließe: »Alles, was lebt, preise seinen heiligen Namen immer und ewig!« (Vers 21). Es ist eine Art immerwährender Gesang, der von der Erde zum Himmel emporsteigen soll, es ist eine gemeinsame Feier der allumfassenden Liebe Gottes, Quelle des Friedens, der Freude und des Heils.

4. Zum Abschluss unserer Betrachtung kehren wir noch einmal zu jenem schönen Vers zurück, in dem es heißt: »Der Herr ist allen, die ihn anrufen, nahe, allen, die zu ihm aufrichtig rufen«. Besonders am Herzen lag dieser Satz Barsanuphios von Gaza, einem um die Mitte des sechsten Jahrhunderts verstorbenen Asketen, der aufgrund seiner Weisheit und Unterscheidungsgabe häufig von Mönchen, Geistlichen und Laien um Rat gefragt wurde.

¶ So antwortete Barsanuphios einem Schüler, der ihm gegenüber den Wunsch äußerte, »die Ursachen der verschiedenen Versuchungen, die ihn heimgesucht hatten, zu erforschen«: »Bruder Johannes, hab keine Angst vor den Versuchungen, die sich gegen dich erhoben haben, um dich auf die Probe zu stellen, denn der Herr lässt dich nicht zu ihrem Opfer werden. Wenn also eine dieser Versuchungen über dich kommt, mühe dich nicht damit ab, herauszufinden, worum es sich handle, sondern rufe laut den Namen Jesu: ›Jesus, hilf mir‹. Und er wird dich hören, weil ›er allen nahe ist, die ihn anrufen‹. Lass dich nicht entmutigen, sondern laufe mit Eifer und du wirst das Ziel erreichen in Christus Jesus, unserem Herrn« (Briefwechsel zwischen Barsanuphios und seinem Schüler Johannes von Gaza, in: Barsanufio e Giovanni di Gaza, Epistolario, 39: Collana di Testi Patristici, XCIII, Rom 1991, S. 109).

¶ Und diese Worte des alten Mönches gelten auch für uns. In unseren Schwierigkeiten, Problemen und Versuchungen dürfen wir nicht bloß eine theoretische Überlegung anstellen – woher kommen sie? – sondern müssen positiv reagieren: den Herrn anrufen, den lebendigen Kontakt zum Herrn halten. Ja, wir müssen laut den Namen Jesu rufen: »Jesus, hilf mir!« Und wir sind gewiss, dass er uns hört, weil er dem nahe ist, der ihn sucht. Lassen wir uns nicht entmutigen, sondern laufen wir mit Eifer – wie dieser Mönch sagt – dann werden auch wir das Ziel des Lebens, Jesus, den Herrn, erreichen.

¶ *Gott schenkt seine Liebe in besonderer Weise den Armen und Schwachen. Im Psalm 145 haben wir soeben gehört: »Der Herr stützt alle, die fallen, und richtet die Gebeugten auf« (V. 14). Gerade in dieser liebevollen Zuwendung zeigt Gott sich als König und Herr. Er ist allen nahe, die zu ihm rufen. Er ist der Vater, der für die Seinen sorgt, der seine Hand öffnet und ihnen Speise gibt.*

¶ *Der Lobpreis der Werke des Herrn geht im Psalm einher mit dem Bekenntnis zur Gerechtigkeit und Heiligkeit Gottes. Gerecht ist der Herr, denn er heilt und rettet vom Bösen und ist seinem Volk treu. Alle, denen Gott seine Wohltaten erweist, sind aufgefordert, in das gemeinschaftliche Lob der universalen Liebe Gottes einzustimmen: »Alles, was lebt, preise seinen heiligen Namen immer und ewig« (V. 21).*

BENEDIKT XVI. AM 8. FEBRUAR 2006

Psalm 147,1–11

1 Halleluja!
Gut ist es, unserm Gott zu singen;
schön ist es, ihn zu loben.
2 Der Herr baut Jerusalem wieder auf,
er sammelt die Versprengten Israels.
3 Er heilt die gebrochenen Herzen
und verbindet ihre schmerzenden Wunden.
4 Er bestimmt die Zahl der Sterne
und ruft sie alle mit Namen.
5 Groß ist unser Herr und gewaltig an Kraft,
unermesslich ist seine Weisheit.
6 Der Herr hilft den Gebeugten auf
und erniedrigt die Frevler.
7 Stimmt dem Herrn ein Danklied an,
spielt unserm Gott auf der Harfe!
8 Er bedeckt den Himmel mit Wolken,
spendet der Erde Regen
und lässt Gras auf den Bergen sprießen.
9 Er gibt dem Vieh seine Nahrung,
gibt den jungen Raben, wonach sie schreien.
10 Er hat keine Freude an der Kraft des Pferdes,
kein Gefallen am schnellen Lauf des Mannes.
11 Gefallen hat der Herr an denen, die ihn fürchten und ehren, /
die voll Vertrauen warten auf seine Huld.

Liebe Brüder und Schwestern!

1. Der soeben vorgesungene Psalm ist der erste Teil einer Komposition, die auch den nachfolgenden Psalm 148 umfasst und die im hebräischen Original als Einheit bewahrt ist. Die alte griechische und lateinische Version hingegen haben das Canticum in zwei Psalmen unterteilt.

¶ Der Psalm beginnt mit der Einladung, Gott zu loben, und zählt dann eine lange Reihe von Gründen des Lobpreises auf, die alle im Präsens ausgedrückt werden. Es handelt sich um Gottes Taten, die als kennzeichnend und immer aktuell betrachtet werden; sie sind aber von sehr unterschiedlicher Art. Einige betreffen Gottes Eingreifen in das menschliche Dasein (vgl. Ps 147,3.6.11) und besonders zugunsten Jerusalems und Israels (vgl. V. 2); andere beziehen sich auf das geschaffene Universum (vgl. V. 4) und insbesondere auf die Erde mit ihrer Vegetation und den Tieren (vgl. V. 8–9).

¶ Wenn am Schluss gesagt wird, an wem der Herr Gefallen findet, lädt uns der Psalm zu einer zweifachen Haltung ein: zur Gottesfurcht und zum Vertrauen (vgl. V. 11). Wir sind nicht uns selbst oder den kosmischen Kräften überlassen, sondern wir sind immer in den Händen des Herrn gemäß seinem Heilsplan.

2. Nach der feierlichen Einladung zum Lobpreis (vgl. V. 1) entfaltet sich der Psalm in zwei poetischen und geistlichen Abschnitten. Im ersten Abschnitt (vgl. V. 2–6) wird zu-

nächst das geschichtliche Handeln Gottes durch das Bild eines Baumeisters eingeleitet, der das nach dem babylonischen Exil neu auflebende Jerusalem wieder aufbaut (vgl. V. 2). Aber dieser große Baumeister, der Herr, erweist sich auch als ein Vater, der sich über die seelischen und körperlichen Wunden beugt, von denen sein gedemütigtes und unterdrücktes Volk gezeichnet ist (vgl. V. 3).

¶ Lassen wir den hl. Augustinus sprechen, der in seinem Kommentar über den Psalm 147, den er in Karthago im Jahr 412 gehalten hat, den Satz: »Er heilt die gebrochenen Herzen …« so kommentierte: »Wer kein gebrochenes Herz hat, wird nicht geheilt … Wer sind die mit gebrochenem Herzen? Die Einfachen. Und die, die kein gebrochenes Herz haben? Die Stolzen. Also wird das gebrochene Herz geheilt, das stolze, aufgeblähte Herz wird erniedrigt. Ja, wahrscheinlich wird es deshalb erniedrigt, damit es, wenn es gebrochen ist, wieder aufgerichtet und geheilt werden kann … ›Er heilt die gebrochenen Herzen und verbindet ihre schmerzenden Wunden‹ … Mit anderen Worten, er heilt die von Herzen Demütigen, die bekennen, sich selbst Strafen auferlegen und ein strenges Urteil über sich fällen, um sein Erbarmen zu finden. Seht da, dieser heilt. Aber die vollkommene Gesundheit wird erst am Ende des derzeitigen sterblichen Zustandes erlangt werden, wenn unser hinfälliges Wesen mit Unverweslichkeit bekleidet und unser sterbliches Wesen mit Unsterblichkeit bekleidet sein wird« (5–8: Esposizioni sui Salmi, IV, Roma, 1977, S. 772–779).

3. Aber Gottes Werk zeigt sich nicht nur darin, dass sein Volk von den Leiden befreit wird. Er, der für die Armen mit Zärtlichkeit sorgt, wird den Frevlern gegenüber zum strengen Richter (vgl. V. 6). Dem Herrn der Geschichte sind die Übergriffe der Gewaltsamen, die meinen, über das Schicksal der Menschen entscheiden zu können, nicht gleichgültig. Gott wirft diejenigen in den Staub, die den Himmel durch ihren Stolz herausfordern (vgl. 1 Samuel 2,7–8; Lk 1,51–53).

¶ Gottes Handeln erschöpft sich nicht in seiner Herrschaft über die Geschichte; er ist auch König der Schöpfung, das ganze Universum antwortet auf seinen Schöpferruf. Er kann nicht nur die unermessliche Zahl der Sterne beziffern, sondern ist auch imstande, jeden einzelnen Stern zu benennen und damit seine Natur und seine Merkmale zu bestimmen (vgl. Ps 147,4).

¶ Schon der Prophet Jesaja sang: »Hebt eure Augen in die Höhe, und seht: Wer hat die (Sterne) dort oben erschaffen? Er ist es, der ihr Heer täglich zählt und heraufführt, der sie alle beim Namen ruft« (Jes 40,26). Die »Heere« des Herrn sind also die Sterne. Und der Prophet Baruch fügte hinzu: »Froh leuchten die Sterne auf ihren Posten. Ruft er sie, so antworten sie: Hier sind wir. Sie leuchten mit Freude für ihren Schöpfer« (Bar 3,34–35).

4. Nach einer neuen frohen Einladung zum Lobpreis (vgl. Ps 147,7) beginnt der zweite Teil des Psalms 147 (vgl. V. 7–

11). Im Mittelpunkt steht noch das schöpferische Handeln Gottes im Kosmos. In einer oft ausgetrockneten Landschaft wie der orientalischen ist der Regen, der die Erde befruchtet (vgl. V. 8), das erste Zeichen der göttlichen Liebe. Auf diese Weise deckt der Schöpfer den Tisch für die Tiere. Ja, er sorgt dafür, dass auch die kleinen Lebewesen wie die jungen Raben, die vor Hunger schreien (vgl. V. 9), ihre Nahrung bekommen. Jesus lädt uns ein, die Vögel des Himmels anzusehen: »Sie säen nicht, sie ernten nicht und sammeln keine Vorräte in Scheunen; euer himmlischer Vater ernährt sie« (Mt 6,26; vgl. auch Lk 12,24 mit dem ausdrücklichen Hinweis auf die »Raben«).

¶ Doch von der Schöpfung wird die Aufmerksamkeit wieder auf das menschliche Dasein gelenkt. Und so schließt der Psalm, indem er den Herrn zeigt, der sich über den beugt, der gerecht und demütig ist (vgl. Ps 147,10–11), wie schon im ersten Teil des Hymnus dargelegt wurde (vgl. V. 6). Mittels zweier Symbole der Macht, des Pferdes und des schnellen Laufes des Mannes, wird die Einstellung Gottes deutlich, der sich von der Kraft nicht erobern oder einschüchtern lässt. Ein weiteres Mal lässt die Logik des Herrn den Stolz und die Arroganz der Macht außer acht, denn sie stellt sich auf die Seite derer, die treu sind und »voll Vertrauen auf seine Huld warten« (V. 11), das heißt, die sich der Führung Gottes überlassen in ihrem Handeln und in ihrem Denken, in ihren Plänen und ihrem täglichen Leben. Unter diese soll sich auch der Beter einreihen, indem er seine Hoffnung auf die Gnade des Herrn gründet in der Gewissheit, vom Mantel der göttlichen Liebe umhüllt zu sein: »Das Auge des Herrn ruht auf allen, die ihn fürchten und ehren, die nach seiner Güte ausschaun; denn er will sie dem Tod entreißen und in der Hungersnot ihr Leben erhalten … Ja, an ihm freut sich unser Herz, wir vertrauen auf seinen heiligen Namen« (Ps 33,18–19.21).

¶ *Die Arroganz menschlicher Macht verbleicht vor der Allmacht Gottes. Er, der Schöpfer, ist der einzige Herr über Himmel und Erde. Darum ist es gut, im Psalm »unserem Gott zu singen; schön ist es, ihn zu loben!« (Ps 147,1).*

¶ *Dank der ihnen verliehenen Gaben können Menschen Großes leisten. Doch nicht unsere Fähigkeiten beeindrucke Gott. Er schaut auf die Demut, mit der wir ihm begegnen: »Gefallen hat der Herr an denen, die ihn fürchten und ehren, die voll Vertrauen warten auf seine Huld!« (Ps 147,11).*

JOHANNES PAUL II. AM 23. JULI 2003

Psalm 148,1–6

1 Halleluja!
Lobt den Herrn vom Himmel her,
lobt ihn in den Höhen:
2 Lobt ihn, all seine Engel,
lobt ihn, all seine Scharen;
3 lobt ihn, Sonne und Mond,
lobt ihn, all ihr leuchtenden Sterne;
4 lobt ihn, alle Himmel
und ihr Wasser über dem Himmel!
5 Loben sollen sie den Namen des Herrn;
denn er gebot, und sie waren erschaffen.
6 Er stellte sie hin für immer und ewig,
er gab ihnen ein Gesetz, das sie nicht übertreten.

Liebe Schwestern und Brüder!

1. Der soeben zu Gott erhobene Psalm 148 ist ein wahrer »Sonnengesang«, eine Art »Te Deum« des Alten Testamentes, ein kosmisches Halleluja, das alles und alle in das göttliche Lob mit einbezieht.

¶ Ein zeitgenössischer Exeget kommentiert ihn wie folgt: »Der Psalmist ordnet die Geschöpfe, indem er sie beim Namen nennt: oben den Himmel, zwei Gestirne, den Zeiten entsprechend, und seitwärts die Sterne; auf der einen Seite die Fruchtbäume, auf der andern die Zedern; auf einer Stufe die Reptilien und auf einer andern die Vögel;

hier die Fürsten und dort das Volk; die Jungen und die Mädchen in Zweierreihen, vielleicht Hand in Hand … Gott hat sie hingestellt, indem er ihnen einen Platz und eine Aufgabe zugeteilt hat; der Mensch nimmt sie an, indem er ihnen einen Platz in der Sprache einräumt und sie, so geordnet, zur Liturgiefeier geleitet. Der Mensch ist der ›Hirt des Daseins‹ oder der Liturge der Schöpfung« (L. Alonso Schökel, Trenta salmi: poesia e preghiera, Bologna 1982, S. 499).

¶ Auch wir folgen diesem universalen Chor, der in der Apsis des Himmels erklingt und den gesamten Kosmos als Gotteshaus hat. Lassen wir uns vom Atem und Lobpreis erfassen, den alle Geschöpfe zu ihrem Schöpfer erheben.

2. Im Himmel finden wir die Sänger des Weltraums: die weit entfernten Gestirne, die Scharen der Engel, die Sonne und den Mond, die leuchtenden Sterne, »alle Himmel« (vgl. V. 4), das heißt den Weltraum, die Wasser über dem Himmel, von denen der biblische Mensch meinte, sie würden in einem Behälter aufbewahrt, bevor sie als Regen auf die Erde niederfallen.

¶ Das Halleluja, das heißt die Einladung, »den Herrn zu loben«, erklingt wenigstens achtmal und hat die Ordnung und Harmonie der himmlischen Wesen zum Ziel: »Er gab ihnen ein Gesetz, das sie nicht übertreten« (V. 6).

¶ Der Blick richtet sich dann auf den Horizont der Erde, wo sich eine Prozession von wenigstens 22 Sängern aufstellt, das heißt eine Art Alphabet des Lobes, das über unseren Planeten verstreut ist. Da sind die Seeungeheuer und die Tiefen, Symbole des Chaos der Meere, auf dem er den Erdkreis gegründet hat (vgl. Ps 24,2), gemäß der kosmologischen Auffassung der alten Semiten.

¶ Der Kirchenvater Basilius sagt dazu: »Nicht einmal der Abgrund wurde vom Psalmisten für verächtlich gehalten, denn er hat ihn in den allgemeinen Chor der Schöpfung einbezogen, er vervollständigt sogar mit eigenen Worten harmonisch den Hymnus an den Schöpfer« (Homiliae in hexaemeron, III. 9: PG 29,75).

3. Die Prozession wird mit den Geschöpfen der Atmosphäre fortgesetzt: mit dem blitzenden Feuer, dem Hagel, dem Schnee, dem Nebel und dem Sturmwind, der als rascher Bote Gottes gilt (vgl. Ps 148,8).

¶ Dann kommen die Berge und die Hügel an die Reihe, die im allgemeinen als die ältesten Geschöpfe der Erde betrachtet werden (vgl. V. 9a). Das Pflanzenreich wird von den Fruchtbäumen und den Zedern vertreten (vgl. V. 9b). Die Tierwelt hingegen ist durch die wilden Tiere, das Vieh, die Kriechtiere und die gefiederten Vögel anwesend (vgl. V. 10).

¶ Und zum Schluss tritt der Mensch auf und leitet die Schöpfungsliturgie. Er wird nach Alter und Merkmalen vorgestellt: die jungen Männer und Frauen, die Jungen und die Alten, die Fürsten, Könige und Völker (vgl. V. 11–12).

4. Wir überlassen jetzt dem hl. Johannes Chrysostomus die Aufgabe, einen Überblick über diesen riesigen Chor zu geben. Er tut es mit Worten, die auch auf den Lobgesang der drei jungen Männer im Feuerofen anspielen, über den wir in der vergangenen Katechese nachgedacht haben.

¶ Der bedeutende Kirchenvater und Patriarch von Konstantinopel bekräftigt: »Aufgrund ihrer großen Rechtschaffenheit der Herzen rufen die Heiligen, wenn sie sich zur Danksagung an Gott vorbereiten, viele Geschöpfe zur Teilhabe an ihrem Lobgesang herbei und fordern sie auf, gemeinsam mit ihnen diese schöne Liturgie zu feiern. Das taten auch die drei jungen Männer im Feuerofen, als sie die ganze Schöpfung aufriefen, Gott für die empfangene Wohltat zu danken und ihn zu lobpreisen (Dan 3).«

¶ Dasselbe tut auch dieser Psalm, indem er beide Teile der Welt herbeiruft, den einen in der Höhe und den anderen, der niedriger steht, den sinnlich wahrnehmbaren und den verstandesmäßigen Teil. Das tat auch der Prophet Jesaja, als er sagte: »Jubelt, ihr Himmel, jauchze, o Erde! Denn der Herr hat sein Volk getröstet« (Jes 49,13). Und das Psalterium drückt sich wie folgt aus: »Als Israel aus Ägypten auszog, Jakobs Haus aus dem Volk mit fremder Sprache … hüpften die Berge wie Widder, die Hügel wie junge Lämmer« (Ps 114,1.4). Und bei Jesaja heißt es an anderer Stelle: »Ihr Wolken lasst Gerechtigkeit regnen« (Jes 45,8). Denn die Heiligen halten sich allein nicht für ausreichend im Lobpreis des Herrn, sie wenden sich nach allen

Seiten und beziehen alle in die allgemeine Hymnodie ein« (Expositio in psalmum CXLVIII: PG 55, 484–485).

5. Auch wir sind eingeladen, in diesen großen Chor einzustimmen, indem wir zum Vorsänger aller Geschöpfe werden und Gott in den beiden Grunddimensionen seines Geheimnisses lobpreisen. Auf der einen Seite müssen wir seine transzendente Größe anbeten, »denn sein Name allein ist erhaben, seine Hoheit strahlt über Erde und Himmel«, heißt es in unserem Psalm (V. 13). Anderseits erkennen wir seine nachsichtige Güte, denn Gott ist seinen Geschöpfen nahe und kommt besonders seinem Volk zu Hilfe: »Seinem Volk verleiht er Macht … das Volk, das ihm nahen darf« (V. 14), wie der Psalmist weiter bekräftigt.

¶ Angesichts des allmächtigen und barmherzigen Schöpfers nehmen wir also die Einladung des hl. Augustinus an, ihn zu loben, zu rühmen und zu preisen durch seine Werke: »Wenn du diese Geschöpfe siehst und dich daran freust und zum Urheber von allem erhebst und durch die Einsicht seine unsichtbaren Eigenschaften in den Geschöpfen entdeckst, dann steigt auf Erden und im Himmel das Bekenntnis auf … Wenn die Geschöpfe schön sind, um wie viel schöner wird dann der Schöpfer sein?« (Esposizioni sui Salmi, IV, Roma, 1977, S. 887–889).

¶ *In Psalm 148, dem »Te Deum« des Alten Testamentes, vereint sich die Stimme aller Wesen im Himmel und auf der Erde zu einem kosmischen Halleluja ohne Ende: Die Geschöpfe sollen loben den Namen des Herrn; denn er gebot, und sie waren erschaffen! (vgl. Ps 148,5). Gottes souveräner Wille steht am Anfang der Schöpfung. Alles und alle nehmen teil an der Verherrlichung des Herrn, dem sie das Sein verdanken. Wir Menschen sind eingeladen, in diesen großen Lobpreis auf Gott, den Herrn und Schöpfer, einzustimmen.*

Johannes Paul II. am 17. Juli 2002

Psalm 149

1 Halleluja!
Singt dem Herrn ein neues Lied!
Sein Lob erschalle in der Gemeinde der Frommen.
2 Israel soll sich über seinen Schöpfer freuen,
die Kinder Zions über ihren König jauchzen.
3 Seinen Namen sollen sie loben beim Reigentanz,
ihm spielen auf Pauken und Harfen.
4 Der Herr hat an seinem Volk Gefallen,
die Gebeugten krönt er mit Sieg.
5 In festlichem Glanz sollen die Frommen frohlocken,
auf ihren Lagern jauchzen:
6 Loblieder auf Gott in ihrem Mund,
ein zweischneidiges Schwert in der Hand,
7 um die Vergeltung zu vollziehn an den Völkern,
an den Nationen das Strafgericht,
8 um ihre Könige mit Fesseln zu binden,
ihre Fürsten mit eisernen Ketten,
9 um Gericht über sie zu halten, so wie geschrieben steht.
Herrlich ist das für all seine Frommen. Halleluja!

Liebe Brüder und Schwestern!

1. »In festlichem Glanz sollen die Frommen frohlocken, auf ihren Lagern jauchzen« (V. 5): Dieser Aufruf aus Psalm 149, der soeben verkündet wurde, erinnert an das beginnende Morgengrauen und sieht die Gläubigen zum An-

stimmen ihres Morgenlobs bereit. Dieses Lob wird mit einem beredten Ausdruck als »ein neues Lied« (V. 1) bezeichnet, d. h. als feierliche und vollkommene Hymne, für die Endzeit geeignet, wenn der Herr die Gerechten in einer neuen Welt versammeln wird. Der ganze Psalm ist durchdrungen von einer festlichen Atmosphäre, eingeleitet vom anfänglichen Halleluja: Gesang, Lob, Freude, Tanz, Klang der Pauken und Harfen geben ihm seinen Rhythmus. Das von diesem Psalm angeregte Gebet ist Danksagung eines von religiösem Jubel erfüllten Herzens.

2. Im hebräischen Originaltext des Hymnus werden die Protagonisten des Psalms mit zwei charakteristischen Begriffen der Spiritualität des Alten Testaments benannt. Zunächst werden sie dreimal als »hasidim«(V. 1.5.9) bezeichnet, also als »die Frommen, die Gläubigen«, die mit Treue und Liebe (»hesed«) auf die Vaterliebe des Herrn antworten.

¶ Der zweite Teil des Psalms erregt Verwunderung, denn er ist geprägt von kriegerischen Ausdrücken. Es wirkt befremdlich, dass der Psalm in ein und demselben Vers »Loblieder auf Gott in ihrem Mund« neben »ein zweischneidiges Schwert in der Hand« stellt (V. 6). Wenn wir aber nachdenken, können wir den Grund hierfür verstehen: Der Psalm wurde für Gläubige verfasst, die in einem Befreiungskrieg eingesetzt waren; sie kämpften für die Befreiung ihres unterdrückten Volkes, dem sie die Möglichkeit geben wollten, Gott zu dienen. Während der Epoche der Makkabäer, im zweiten Jahrhundert v. Chr., nannten sich die Kämpfer für Freiheit und Glauben, die damals von den griechischen Machthabern hart unterdrückt wurden, »hasidim«, also jene, die dem Wort Gottes und den Überlieferungen der Väter »treu« sind.

3. In der gegenwärtigen Perspektive unseres Gebets wird diese Kriegssymbolik zum Bild unseres Einsatzes als Gläubige, die sich – nach dem Gesang des Morgenlobs an Gott – auf die Straßen der Welt begeben, inmitten vieler Übel und Ungerechtigkeiten. Leider sind die Kräfte, die sich dem Reich Gottes entgegenstellen, sehr mächtig: Der Psalmist spricht von »Völkern, Nationen, Königen und Fürsten«. Und doch ist er zuversichtlich, denn er weiß den Herrn, den wahren König der Geschichte (vgl. V. 2), an seiner Seite. Sein Sieg über das Böse ist daher gewiss, und es wird der Triumph der Liebe sein. An diesem Kampf sind alle »hasidim«, alle Treuen und Gerechten beteiligt, die mit der Kraft des Geistes das wunderbare Werk, das den Namen Reich Gottes trägt, zur Vollendung bringen.

4. Bezüglich der Hinweise des Psalms auf den »Chor« und auf die »Pauken und Harfen« kommentiert der hl. Augustinus: »Was ist ein Chor? [...] Der Chor ist eine Gruppe von Sängern, die gemeinsam singen. Wenn wir im Chor singen, müssen wir es im Einklang miteinander tun. Wenn

man im Chor singt, verletzt auch nur eine einzige falsch singende Stimme den Zuhörer und verwirrt den Chor selbst« (vgl. Enarrationes in Ps. 149; CCL 40,7,1–4).

¶ Und hinsichtlich der vom Psalmist verwendeten Instrumente fragt er sich: »Warum nimmt der Psalmist Pauke und Harfe zur Hand?« Die Antwort: »Damit nicht nur die Stimme den Herrn lobe, sondern auch die Werke. Wenn man Pauke und Harfe zur Hand nimmt, stimmen Hände und Stimme sich aufeinander ein. So ist es auch bei dir. Wenn du das Halleluja singst, musst du dem Hungrigen das Brot reichen, den Nackten bekleiden, den Pilger aufnehmen. Wenn du dies tust, singt nicht nur die Stimme, sondern die Stimme steht im Einklang mit den Händen, da die Wort mit den Werken übereinstimmen« (vgl. ebd., 8,1–4).

5. Es gibt noch einen zweiten Ausdruck, mit dem die Betenden dieses Psalms bezeichnet werden: Sie sind die »anawim«, also »die Armen, die Gebeugten«. Dieser Begriff kommt im Psalter recht häufig vor und bezeichnet nicht nur die Unterdrückten, Elenden, die um der Gerechtigkeit willen Verfolgten, sondern auch die Menschen, die den moralischen Verpflichtungen des Bundes mit Gott treu bleiben und deshalb von jenen ausgegrenzt werden, die sich für Gewalt, Reichtum und Arroganz entscheiden. In diesem Licht versteht man, dass die »Armen« nicht nur eine soziale Kategorie sind, sondern dass es sich hierbei

um eine geistliche Entscheidung handelt. Dies ist der Sinn der ersten Seligpreisung: »Selig, die arm sind vor Gott; denn ihnen gehört das Himmelreich« (Mt 5,3). Schon der Prophet Zefanja wandte sich folgendermaßen an die »anawim«: »Sucht den Herrn, ihr Gedemütigten im Land, die ihr nach dem Recht des Herrn lebt. Sucht Gerechtigkeit, sucht Demut! Vielleicht bleibt ihr geborgen am Tag des Zornes des Herrn« (Zef 2,3).

6. Der »Tag des Zornes des Herrn« ist genau der im zweiten Teil des Psalms beschriebene, wenn die Armen sich auf die Seite Gottes stellen, um gegen das Böse zu kämpfen. Allein besitzen sie weder ausreichende Kraft noch die nötigen Mittel und Strategien, um sich dem Bösen zu widersetzen. Und doch lässt der Ausspruch des Psalmisten kein Zögern zu: »Der Herr hat an seinem Volk Gefallen, die Gebeugten (›anawim‹) krönt er mit Sieg« (V. 4). So wird ideell das vorweggenommen, was der Apostel Paulus den Korinthern gegenüber erklärt: »Und das Niedrige in der Welt und das Verachtete hat Gott erwählt: das, was nichts ist, um das, was etwas ist, zu vernichten« (1 Kor 1,28).

¶ In diesem Vertrauen machen sich die »Kinder Zions« (V. 2), »hasidim« und »anawim«, also die Treuen und die Armen, daran, ihr Zeugnis in Welt und Geschichte zu leben. Der Lobgesang Marias im Lukasevangelium – das Magnifikat – ist ein Widerhall der feinsten Empfindungen der

»Kinder Zions«: freudiger Lobgesang auf Gott, den Retter, Danksagung für die großen Dinge, die der Mächtige in ihr gewirkt hat, Kampf gegen die Mächte des Bösen, Solidarität mit den Armen, Treue zum Gott des Bundes (vgl. Lk 1,46–55).

¶ *Liebe Schwestern und Brüder!*
Wir haben eben den Psalm 149 gebetet. Dieser Psalm ist am Morgen des Sonntags, als »neues Lied« zu beten. Mit den Worten dieses Psalms dankt der gläubige Mensch seinem Schöpfer und freut sich von ganzem Herzen.

¶ *Die Gläubigen werden hier dreimal »Fromme« genannt, das heißt Menschen, die mit Glaube und Liebe auf die Einladung des Herrn antworten.*

¶ *Ferner finden wir den Ausdruck: die Gebeugten, das heißt, die Armen. »Der Herr hat an seinem Volk Gefallen, die Gebeugten krönt er mit Sieg.« Hierzu bestätigt uns der Apostel Paulus, als er im ersten Korintherbrief schreibt: »das Niedrige in der Welt und das Verachtete hat Gott erwählt: das, was nichts ist, um das, was etwas ist, zu vernichten, damit kein Mensch sich rühmen kann vor Gott.« (1 Kor 1,28)*

¶ *Fromme und Gebeugte werden das Reich Gottes erben. Darin liegt die befreiende Botschaft des Morgenlobs. In der guten Nachricht des Evangeliums wird sie bestätigt.*

JOHANNES PAUL II. AM 23. MAI 2001

Psalm 150

1 Halleluja!
Lobt Gott in seinem Heiligtum,
lobt ihn in seiner mächtigen Feste!
2 Lobt ihn für seine großen Taten,
lobt ihn in seiner gewaltigen Größe!
3 Lobt ihn mit dem Schall der Hörner,
lobt ihn mit Harfe und Zither!
4 Lobt ihn mit Pauken und Tanz,
lobt ihn mit Flöten und Saitenspiel!
5 Lobt ihn mit hellen Zimbeln,
lobt ihn mit klingenden Zimbeln!
6 Alles, was atmet,
lobe den Herrn!
Halleluja!

Liebe Brüder und Schwestern!

1. Zum zweiten Mal erklingt in der Liturgie der Laudes der Psalm 150, den wir soeben gesungen haben. Er ist ein feierlicher Hymnus, ein Halleluja im Takt der Musik. Er ist das ideale Siegel des ganzen Psalters, des Gebet- und Gesangbuches der Liturgie Israels.

¶ Der Text ist von einer wunderbaren Schlichtheit und Transparenz. Wir brauchen uns nur von dem eindringlichen Ruf, den Herrn zu loben, in Bann ziehen lassen: »Lobt Gott … Lobet ihn … Lobt ihn!« Gott wird zunächst unter zwei Grundaspekten seines Geheimnisses vorgestellt. Er ist sicher transzendent, geheimnisvoll und übersteigt unseren Horizont. Seine königliche Wohnstatt ist das himmlische »Heiligtum«, »seine mächtige Feste«, einer dem Menschen unzugänglichen Festung ähnlich. Und doch ist er uns nahe. Er ist im »Heiligtum« von Zion gegenwärtig und handelt in der Geschichte durch seine »Wundertaten«, die »seine gewaltige Größe« offenbaren und erfahrbar machen (vgl. V. 1–2).

2. Zwischen Erde und Himmel besteht also gleichsam ein Kommunikationsfluss, in dem das Wirken des Herrn und der Lobgesang der Gläubigen zusammentreffen. Die Liturgie vereint die beiden Heiligtümer, den irdischen Tempel und den unendlichen Himmel, Gott und den Menschen, die Zeit und die Ewigkeit.

¶ Beim Gebet unternehmen wir eine Art Aufstieg in das göttliche Licht und erfahren zugleich, dass Gott herabsteigt und sich unserer Begrenztheit anpasst, um uns zu hören und zu uns zu sprechen, um uns zu begegnen und uns zu heilen. Der Psalmist rät uns, bei diesem Gebetstreffen ein Hilfsmittel zu verwenden: die Zuhilfenahme der Musikinstrumente des Orchesters des Jerusalemer Tempels, wie Hörner, Harfe, Zither, Pauken, Flöten, Zimbeln. Auch das Sich-Bewegen im Reigen gehörte zum Jerusalemer Ritual (vgl. Ps 117,27). In Psalm 47,8 erklingt derselbe Aufruf: »Spielt ihm ein Psalmenlied!«

3. Es ist also notwendig, die Schönheit des Gebets und der Liturgie ständig neu zu entdecken und zu leben. Man soll nicht nur mit theologisch korrekten Formeln, sondern auch in schöner und würdevoller Weise zu Gott beten.

¶ In dieser Hinsicht muss die christliche Gemeinschaft eine Gewissenserforschung vornehmen, damit in die Liturgie noch mehr die Schönheit der Musik und des Gesangs zurückkehren. Es ist notwendig, den Gottesdienst von Missständen des Stils, von nachlässigen Ausdrucksformen, von banalen Musikstücken und Texten zu reinigen, die der Größe des Aktes, der gefeiert wird, wenig entsprechen.

¶ Bedeutsam ist in dieser Hinsicht die Aufforderung des Briefes an die Epheser, Maßlosigkeit und Ausschweifung zu meiden und dafür der Reinheit des liturgischen Gesangs mehr Raum zu geben: »Berauscht euch nicht mit Wein – das macht zügellos –, sondern lasst euch vom Geist erfüllen! Lasst in eurer Mitte Psalmen, Hymnen und Lieder erklingen, wie der Geist sie eingibt. Singt und jubelt aus vollem Herzen zum Lob des Herrn! Sagt Gott, dem Vater, jederzeit Dank für alles im Namen Jesu Christi, unseres Herrn!« (Eph 5,18–20).

4. Der Psalmist schließt mit der Einladung: »Alles was atmet, lobe den Herrn« (Ps 150,5), wörtlich »jeder Hauch«, »jeder Atem«, womit im Hebräischen »jedes Lebewesen, das Atem hat«, besonders »jeder lebendige Mensch« ge-

meint ist (vgl. Dtn 20,16; Jos 10,40; 11,1.14). In das Gotteslob ist also vor allem der Mensch mit seiner Stimme und seinem Herzen einbezogen. Mit ihm werden ideell alle Lebewesen, alle Geschöpfe, in denen Lebensgeist ist (vgl. Gen 7,22), zusammengerufen, damit sie ihr Danklied an den Schöpfer für das Geschenk des Lebens erheben.

¶ Dieser universalen Einladung folgt auch der hl. Franziskus mit seinem eindrucksvollen »Sonnengesang«, in dem er dazu aufruft, den Herrn zu loben und ihm zu danken für alle Geschöpfe, die der Widerschein seiner Schönheit und seiner Güte sind (vgl. Fonti Francescane, 263).

5. An diesem Gesang sollen besonders die Gläubigen teilhaben, wie der Brief an die Kolosser empfiehlt: »Das Wort Christi wohne mit seinem ganzen Reichtum bei euch. Belehrt und ermahnt einander in aller Weisheit! Singt Gott in eurem Herzen Psalmen, Hymnen und Lieder, wie sie der Geist eingibt« (Kol 3,16).

¶ In seinem Psalmenkommentar schreibt Augustinus, dass er die Musikinstrumente an dieser Stelle als Symbole für die Heiligen ansieht, die Gott loben: »Ihr Heiligen seid die Hörner, das Saitenspiel, die Zither, die Pauken, der Chor, die Saiten und die Orgel und die jubelnden Zimbeln, die wunderbare Töne hervorbringen, das heißt, sie klingen harmonisch. Ihr seid all dies. Wenn man den Psalm hört, soll man nicht an Minderwertiges, an Vergängliches oder an theatralische Instrumente denken.« In Wirklichkeit ist »jeder Geist, der den Herrn lobt«, eine Stimme, die Gott lobpreist (Esposizioni sui Salmi, IV, Rom 1977, S. 934–935).

¶ Die höchste Musik also ist die, die aus unseren Herzen aufsteigt. Und Gott will gerade diese Harmonie in unseren Liturgien hören.

¶ *Die Liturgie ist der unaufhörliche und vollkommene Akt des Betens, in dem die Kirche Gottes Heilshandeln gläubig und klangvoll feiert. Sie verbindet Erde und Himmel, Zeit und Ewigkeit. Im Aufsteigen unseres Gebetes zum Licht Gottes und im wunderbaren Herabsteigen des Herrn auf den Altar vollzieht sich die schönste Begegnung, die Menschen erfahren dürfen. Weil wir in der Liturgie schon jetzt ein Stück Himmel verkosten, muss sie von allem Banalen frei bleiben. Nichts darf den Blick auf die Schönheit Gottes verstellen! Mit Psalm 150 will der Lobpreis des Allerhöchsten klar und rein erklingen: »Lobt Gott in seinem Heiligtum, lobt ihn in seiner gewaltigen Größe!« (vgl. Ps 150,1–2).*

Johannes Paul II. am 26. Februar 2003

Gott
der beschützt

Psalm 108

[Ein Lied. Ein Psalm Davids.]

2 Mein Herz ist bereit, o Gott,
mein Herz ist bereit,
ich will dir singen und spielen.
Wach auf, meine Seele!
3 Wacht auf, Harfe und Saitenspiel!
Ich will das Morgenrot wecken.
4 Ich will dich vor den Völkern preisen, Herr,
dir vor den Nationen lobsingen.
5 Denn deine Güte reicht, so weit der Himmel ist,
deine Treue, so weit die Wolken ziehn.
6 Erheb dich über die Himmel, o Gott!
Deine Herrlichkeit erscheine über der ganzen Erde.
7 Hilf mit deiner Rechten, erhöre uns,
damit die gerettet werden, die du so sehr liebst.
8 Gott hat in seinem Heiligtum gesprochen:
»Ich will triumphieren, will Sichem verteilen
und das Tal von Sukkot vermessen.
9 Mein ist Gilead, mein auch Manasse,
Efraim ist der Helm auf meinem Haupt,
Juda mein Herrscherstab.
10 Doch Moab ist mein Waschbecken,
auf Edom werfe ich meinen Schuh,
ich triumphiere über das Land der Philister.«
11 Wer führt mich hin zu der befestigten Stadt,
wer wird mich nach Edom geleiten?

12 Gott, hast denn du uns verworfen?
Du ziehst ja nicht aus, o Gott, mit unsern Heeren.
13 Bring uns doch Hilfe im Kampf mit dem Feind!
Denn die Hilfe von Menschen ist nutzlos.
14 Mit Gott werden wir Großes vollbringen;
er selbst wird unsere Feinde zertreten.

Liebe Brüder und Schwestern!

1. Der uns soeben vorgesungene Psalm 108 gehört zur Psalmensequenz der Liturgie der Laudes, die Gegenstand unserer Katechesen ist. Er hat eine auf den ersten Blick überraschende Eigenschaft. Dieser Text ist nichts anderes als die Verschmelzung zweier bereits bestehender Psalmfragmente, von denen eines Psalm 57 (V. 8–12) und das andere Psalm 60 (V. 7–14) entnommen ist. Das erste Fragment klingt wie ein Hymnus, das zweite wie eine flehentliche Bitte, ergänzt durch einen Spruch des Herrn, der dem Beter Gelassenheit und Zuversicht gibt.

¶ Aus dieser Verschmelzung entsteht ein neues Gebet, und diese Tatsache wird für uns beispielhaft. Denn auch die christliche Liturgie fügt oft verschiedene biblische Passagen zusammen, so dass sie in einen neuen Text verwandelt werden, der völlig neue Situationen erhellen soll. Dennoch bleibt der Bezug zum ursprünglichen Text erhalten. Psalm 108 zeigt praktisch (aber nicht er allein; siehe zum Beispiel auch Psalm 144), dass schon das Volk Israel im Alten Testament das offenbarte Wort Gottes wiederverwendet und aktualisiert hat.

2. Der aus dieser Kombination entstandene Psalm ist also mehr als die bloße Aneinanderreihung oder Nebeneinanderstellung zweier bereits existierender Stücke. Anstatt mit einer einfachen Bitte wie in Psalm 57: »Sei mir gnädig, o Gott, sei mir gnädig« (V. 2) zu beginnen, verkündet der neue Psalm entschieden das Lob Gottes: »Mein Herz ist bereit, ich will dir singen und spielen« (Ps 108,2). Dieser Lobpreis tritt an die Stelle der Klage, die den Beginn des anderen Psalms gebildet hat (vgl. Ps 60,1–6), und wird so zur Grundlage des darauffolgenden Spruches des Herrn (Ps 60,8–10 = Ps 108,8–10) und der Bitte, die ihn einrahmt (Ps 60,7.11–14 = Ps 108,7.11–14).
¶ Hoffnung und Bedrängnis verschmelzen miteinander und bilden den Stoff für ein neues Gebet, das ganz darauf ausgerichtet ist, Zuversicht zu verbreiten, auch in der Zeit der Prüfung, die die ganze Gemeinschaft durchlebt.

3. Der Psalm beginnt also mit einem frohen Lobgesang. Es ist ein Morgenlied, das von Harfe und Saitenspiel begleitet wird (vgl. Ps 108,3). Die Botschaft ist klar und dreht sich um die »Güte« und die »Treue« Gottes (vgl. V. 5): Im Hebräischen sind »hesed« und »'emet« typische Wörter, um die liebevolle Treue des Herrn gegenüber dem Bund mit seinem Volk auszudrücken. Aufgrund dieser Treue hat

das Volk die Gewissheit, dass Gott es nie dem Zufall des Nichts und der Verzweiflung überlassen wird.

¶ Die christliche Neuauslegung dieses Psalms beeindruckt sehr. Im 6. Vers rühmt der Psalmist die transzendente Herrlichkeit Gottes: »Erheb dich (d. h. ›sei gepriesen‹) über die Himmel, o Gott!« In seinem Kommentar zu diesem Psalm verweist der bekannte christliche Schriftsteller Origenes aus dem dritten Jahrhundert auf Jesu Worte: »Wenn ich über die Erde erhöht bin, werde ich alle zu mir ziehen« (Joh 12,32), die sich auf die Kreuzigung beziehen. Aus diesen Worten ergibt sich das, was der nachfolgende Vers bekräftigt: »Damit die gerettet werden, die du so sehr liebst« (Ps 108,7). Origenes folgert daraus: »Welch wunderbare Bedeutung! Der Grund, weshalb der Herr gekreuzigt und erhöht wird, ist, dass die, die er so sehr liebt, gerettet werden … Worum wir gebeten haben, ist geschehen: Er wurde erhöht, und wir wurden gerettet« (Origenes-Hieronymus, 74 omelie sul libro dei Salmi, Milano 1993, S. 367).

4. Gehen wir jetzt über zum zweiten Teil des Psalms 108, zu dem, wie wir sagten, aus Psalm 59 zitierten Teil. In der Furcht des Volkes Israel, das meint, Gott sei abwesend und weit entfernt (»Gott, hast denn du uns verworfen?« V. 12), erhebt sich die Stimme des Spruches des Herrn, die im Tempel erklingt (vgl. V. 8–10). In dieser Offenbarung stellt sich Gott als Schiedsrichter und Herr über das ganze Heilige Land vor, von der Stadt Sichem bis zum transjordani-

schen Tal Sukkot, von den östlichen Regionen Gilead und Manasse bis zu den mittleren und südlichen Regionen Efraim und Juda und dann noch bis zu den fremden Vasallengebieten Moab, Edom und dem Land der Philister.

¶ In militärisch oder rechtlich gefärbten Bildern wird die göttliche Oberherrschaft über das verheißene Land verkündet. Wenn der Herr herrscht, braucht man sich nicht zu fürchten: Man wird nicht hin- und hergeworfen von dunklen Mächten des Schicksals oder des Chaos. Es gibt immer, auch in den dunkelsten Augenblicken, einen höheren Plan, der die Geschichte lenkt.

5. Dieser Glaube entzündet die Flamme der Hoffnung. Gott wird auf alle Fälle einen Ausweg zeigen, das heißt eine »befestigte Stadt«, die in der Region Idumäa liegt. Das heißt, dass Gott trotz der Prüfung und des Schweigens sich wieder offenbaren und sein Volk stützen und leiten wird. Nur von ihm und nicht von äußeren Militärbündnissen kann die entscheidende Hilfe kommen (vgl. V. 13). Und nur durch ihn wird man die Freiheit erlangen und »Großes« vollbringen (vgl. V. 14) können.

¶ Mit den Worten des hl. Hieronymus verdeutlichen wir die letzte Lektion des Psalmisten, wie sie in christlicher Weise entschlüsselt wird: »Niemand darf an diesem Leben verzweifeln. Du hast Christus und fürchtest dich? Er wird unsere Stärke sein, er wird unser Brot, unser Führer sein« (Breviarium in Psalmos, Ps CVII: PL 26,1224).

¶ *Voll Vertrauen schaut das Volk Gottes auf zum Herrn. Der Beter in Psalm 108 ruft stellvertretend für alle: »Erheb dich über die Himmel, o Gott. Deine Herrlichkeit erscheine über der ganzen Erde!« (V. 6). In diesem Gebet vereinen sich freudiges Lob und flehentliche Bitte. Gerade in der Bedrängnis rechnet der Gläubige mit Gottes Treue und dankt für die empfangenen Gaben. Denn Gottes höherer Plan waltet in der Geschichte. Sein Triumph hat den Weg des Leidens nicht gescheut: Christus wurde am Holz des Kreuzes erhöht. Durch seinen bitteren Opfertod und seine glorreiche Auferstehung hat er uns von Sünde und Tod befreit. Seine lebendige Nähe stärkt uns auf allen Wegen: »Mit Gott werden wir Großes vollbringen« (Ps 108,14).*

Johannes Paul II. am 28. Mai 2003

Psalm 119, 145–148.151–152

145 Erhöre mich, Herr, ich rufe von ganzem Herzen;
deine Gesetze will ich halten.
146 Ich rufe zu dir; errette mich,
dann will ich deinen Vorschriften folgen.
147 Schon beim Morgengrauen komme ich und flehe;
ich warte auf dein Wort.
148 Meine Augen eilen den Nachtwachen voraus;
denn ich sinne nach über deine Verheißung.
151 Doch du bist nahe, Herr,
und alle deine Gebote sind Wahrheit.
152 Aus deinen Vorschriften weiß ich seit langem,
dass du sie für ewig bestimmt hast.

Liebe Brüder und Schwestern!

1. Auf unserem schon weit fortgeschrittenen Weg im Licht der Psalmen, den die Liturgie der Laudes anbietet, gelangen wir zu einer Strophe – genauer gesagt der 19. Strophe – des umfangreichsten Gebets des Psalters, des Psalms 119. Es handelt sich um einen Teil dieses langen alphabetischen Canticums: Durch Wortspiele hat der Psalmist sein Werk in 22 Strophen unterteilt, die den 22 aufeinanderfolgenden Buchstaben des hebräischen Alphabets entsprechen: Jede Strophe besteht aus acht Versen, die mit

hebräischen Worten beginnen, die ihrerseits alle mit demselben Buchstaben des Alphabets anfangen.

¶ Die Strophe, die wir soeben gehört haben, ist eine vom hebräischen Buchstaben »qof« geprägte Strophe und stellt den Beter vor, der Gott sein ganzes Leben im Glauben und Gebet darbringt (vgl. V. 145–152).

2. Das Rufen zum Herrn ist ohne Unterlas, weil es ein fortwährendes Antworten auf das ständige Angebot des Wortes Gottes ist. In der Tat häufen sich auf der einen Seite die Bitten: »erhöre mich«, »ich rufe zu dir«, »ich flehe«, »höre auf meine Stimme«. Auf der anderen Seite wird das Wort des Herrn gepriesen, das die Gesetze, die Vorschriften, das Wort, die Verheißung, die Entscheide, die Weisung, die Gebote und die Zeichen Gottes darlegt. Alle zusammen bilden einen Kreis, der gleichsam der Polarstern des Glaubens und der Zuversicht des Psalmisten ist. Das Gebet erweist sich deshalb als ein Dialog, der schon beim Morgengrauen beginnt (vgl. V. 147) und den ganzen Tag über anhält, besonders in den Schwierigkeiten des Daseins. Denn der Ausblick ist manchmal düster und gefahrvoll: »Mir nähern sich tückische Verfolger; sie haben sich weit von deiner Weisung entfernt« (V. 150). Aber der Beter hat die felsenfeste Sicherheit der Nähe Gottes durch sein Wort und seine Gnade: »Doch du bist nahe, Herr« (V. 11). Gott lässt den Gerechten nicht in die Hände der Verfolger fallen.

3. Jetzt, nachdem der einfache, aber wirksame Spruch der Strophe des Psalms 119 beschrieben worden ist, ein für den Tagesanfang geeigneter Spruch, wenden wir uns, um genau die Strophe zu erklären, die wir gehört haben, in unserer Betrachtung an einen großen Kirchenlehrer, den hl. Ambrosius, der in seinem Kommentar zu Psalm 119 diesem ganze 44 Paragraphen gewidmet hat.

¶ Während er die ideelle Einladung aufgreift, von den ersten Morgenstunden an Gott zu loben, verweilt er insbesondere bei den Versen 147–148: »Schon beim Morgengrauen komme ich und flehe … Meine Augen eilen den Nachtwachen voraus.« Ambrosius ahnt in diesen Worten des Psalmisten die Idee eines ständigen Gebets, das allezeit fortdauert: »Wer den Herrn beschwört, tue so, als ob er keinen bestimmten Zeitpunkt kennt, der dem Gebet zum Herrn zu widmen ist, sondern bleibe immer in dieser Gebetshaltung. Ob wir essen, ob wir trinken, wir verkünden Christus, wir bitten Christus, wir denken an Christus, wir sprechen von Christus! Christus sei immer in unserem Herzen, immer auf unseren Lippen!« (Commento al Salmo 118/2. SAEMO 10, S. 297).

¶ Indem er dann die Verse auf den Morgen bezieht und auch auf die Worte des Buchs der Weisheit anspielt, das vorschreibt, dass man, um Gott »zu danken, der Sonne zuvorkommen muss« (Weish 16,28), kommentiert Ambrosius: »Es wäre in der Tat schlimm, wenn die aufgehenden Sonnenstrahlen dich unverfroren und schamlos faulenzend im Bett überraschten und ein grelles Licht dir die verschlafenen und noch ganz benommenen Augen verletzte. Ein so langer Zeitraum, ohne geringste Andacht und ohne Darbringung eines geistlichen Opfers in einer vergeudeten Nacht verbracht, ist für uns eine Anklage« (ebd., S. 303).

4. Während er die aufgehende Sonne betrachtet – wie er es in einem anderen berühmten Gesang »beim Hahnenschrei«, Aeterne rerum conditor, getan hat, der in das Stundengebet eingegangen ist – rüttelt Ambrosius uns mit folgenden Worten auf: »Weißt du denn nicht, o Mensch, dass du Gott an jedem Tag die Erstlingsfrüchte deines Herzens und deiner Stimme schuldest? Jeden Tag reift die Ernte; jeden Tag reift ihre Frucht. Lauf also der aufgehenden Sonne entgegen … die Sonne der Gerechtigkeit will, dass man ihr zuvorkommt, und sie erwartet nichts anderes … Wenn du dieser Sonne bei ihrem Aufgehen zuvorkommst, wirst du Christus als Licht empfangen. Er wird das erste Licht sein, das im Innersten deines Herzens erstrahlen wird. Er wird es sein, der für dich in den nächtlichen Stunden, wenn du über die Worte Gottes nachsinnst, das Morgenlicht scheinen lässt. Während du nachdenkst, wird es hell … Dann eile frühmorgens zur Kirche, und bringe dort ihm zu Ehren die Erstlingsfrüchte deiner Frömmigkeit dar. Und wenn dich dann weltliche Verpflichtungen rufen, wird dich nichts daran hindern zu sprechen: ›Meine Augen eilen den Nachtwachen voraus; denn ich sinne nach über deine Verheißung‹, und mit gutem

Gewissen kannst du dich deinen Geschäften widmen. Wie schön ist es, bei den Hymnen und Cantica, den Seligpreisungen, die du im Evangelium liest, anzufangen! Wie heilsam ist es, dass der Spruch des Herrn auf dich herabkommt und dich segnet; dass du, während du singend die Segnungen des Herrn wiederholst, dir vornimmst, die Tugenden zu entfalten, damit du auch in deinem Innern spürst, dass du dieses göttlichen Segens würdig bist« (ebd., S. 303.309.311.313).

¶ Nehmen wir die Mahnung des Ambrosius auf, und öffnen wir jeden Morgen den Blick auf das tägliche Leben, auf seine Freuden und seine Ängste, während wir Gott bitten, er möge uns nahe sein und uns führen durch sein Wort, das Gelassenheit und Gnade einflößt.

¶ *Im Gebet vollzieht sich unsere Treue zu Gott und seinen Geboten: »Erhöre mich, Herr, ich rufe von ganzem Herzen; deine Gesetze will ich halten« (Ps 119,145). Die Psalmen lehren uns: Gottes Wort und die Antwort des Menschen gehören zusammen. Das Gebet ist ein Dialog mit Gott, der unser ganzes Leben umfassen und prägen muss.*

¶ *Noch ehe der Tag anhebt, weiß sich der Glaubende der Weisung Gottes bedürftig: »Schon beim Morgengrauen komme ich und flehe; ich warte auf dein Wort« (Ps 119,147). Der Beter ordnet seine Gedanken auf den Willen Gottes hin. Sein Vertrauen ist unerschütterlich: »Du bist nahe, Herr, und alle deine Gebote sind Wahrheit!« (Ps 119,151).*

Johannes Paul II. am 15. Januar 2003

Psalm 121,1–4.7–8

1 [Ein Wallfahrtslied.]
Ich hebe meine Augen auf zu den Bergen:
Woher kommt mir Hilfe?
2 Meine Hilfe kommt vom Herrn,
der Himmel und Erde gemacht hat.
3 Er lässt deinen Fuß nicht wanken;
er, der dich behütet, schläft nicht.
4 Nein, der Hüter Israels
schläft und schlummert nicht.
7 Der Herr behüte dich vor allem Bösen,
er behüte dein Leben.
8 Der Herr behüte dich,
wenn du fortgehst und wiederkommst,
von nun an bis in Ewigkeit.

Liebe Brüder und Schwestern!

1. Wie ich am vergangenen Mittwoch schon angekündigt habe, will ich in den Katechesen den Kommentar über die in der Vesper zusammengestellten Psalmen und Cantica fortsetzen, wobei ich die Texte verwende, die von meinem lieben Vorgänger Papst Johannes Paul II. vorgesehen waren. ¶ Wir beginnen heute mit Psalm 121. Dieser Psalm gehört zur Sammlung der »Wallfahrtslieder«, das heißt der Lieder auf der Pilgerfahrt zur Begegnung mit dem Herrn im Tempel von Zion. Es ist ein Psalm des Vertrauens, denn

in ihm erklingt sechsmal das hebräische Verb »shamar«, »behüten, beschützen«. Gott, dessen Name wiederholt angerufen wird, erweist sich als der immer wache, aufmerksame und fürsorgliche »Hüter«, als der »Wächter«, der über sein Volk wacht, um es vor jedem Unheil und jeder Gefahr zu bewahren.

¶ Das Lied beginnt damit, dass der Beter den Blick nach oben, »zu den Bergen« richtet, das heißt auf die Hügel, auf denen sich Jerusalem erhebt: Von dort oben kommt Hilfe, denn dort oben wohnt der Herr in seinem Tempel (vgl. V. 1–2). Aber die »Berge« können auch an die Orte erinnern, an denen die götzendienerischen Heiligtümer stehen, die sogenannten »Höhen«, die im Alten Testament oft verurteilt werden (vgl. 1 Kön 3,2; 2 Kön 18,4). In diesem Fall bestünde ein Gegensatz: Während der Pilger nach Zion geht, fällt sein Blick auf die heidnischen Tempel, die eine große Versuchung für ihn darstellen. Aber sein Glaube wankt nicht, und seine Sicherheit ist nur eine: »Meine Hilfe kommt vom Herrn, der Himmel und Erde gemacht hat« (Ps 121,2). Solche Dinge gibt es auch in unserem Leben. Wir sehen Höhen, die sich öffnen und als vielversprechend im Leben erscheinen: Reichtum, Macht, Ansehen, Bequemlichkeit. Aber in unserem Glauben erkennen wir, dass das nicht stimmt und dass diese Höhen nicht das Leben sind. Das wahre Leben, die echte Hilfe kommen vom Herrn. Und deshalb lenken wir unseren Blick zur wahren Höhe, zu dem wahren Berg: Christus.

2. Dieses Vertrauen wird im Psalm durch die Bilder des Hüters und des Wächters beschrieben, die wachen und beschützen. Es wird auch der Fuß, der nicht wankt auf dem Lebensweg (vgl. V. 3), und vielleicht der Hirte angedeutet, der auf dem nächtlichen Weideplatz über seine Herde wacht und nicht schläft und nicht schlummert (vgl. V. 4). Der göttliche Hirt gönnt sich keine Ruhe im Werk zum Schutz seines Volkes, also von uns allen.

¶ Dann taucht im Psalm ein anderes Symbol auf, das des »Schattens«, der vermuten lässt, dass der Weg während des heißen Tages fortgesetzt wird (vgl. V. 5). Man denkt dabei an die historische Wanderung durch die Wüste des Sinai, wo der Herr vor Israel herzog, bei »Tag in einer Wolkensäule, um ihnen den Weg zu zeigen« (Ex 13,21). Im Psalter bittet man nicht selten: »… birg mich im Schatten deiner Flügel« (Ps 17,8: vgl. Ps 91,1). Auch hier tritt ein realistischer Aspekt unseres Lebens zutage. Oft bewegt sich unser Leben unter einer unerbittlichen Sonne. Der Herr ist der Schatten, der uns schützt, der uns hilft.

3. Nach dem Hüter und dem Schatten nun das dritte Symbol: der Herr, der dem Glaubenden »zur Seite steht« (vgl. Ps 121,5). Das ist die Stellung des Verteidigers beim Militär und bei Gericht. Es ist die Gewissheit, nicht verlassen zu sein in Zeiten der Prüfung, des Angriffs des Bösen und der Verfolgung. An dieser Stelle denkt der Psalmist wieder an die Wanderung während eines heißen

Tages, an dem Gott uns vor der brennenden Sonne schützt.

¶ Aber auf den Tag folgt die Nacht. In der Antike herrschte die Meinung, dass auch die Mondstrahlen schädlich seien und dass sie Fieber, Blindheit oder sogar Wahnsinn hervorrufen könnten; deshalb behütet der Herr uns auch während der Nacht (vgl. V. 6), in den Nächten unseres Lebens.

¶ Der Psalm endet nun mit einer kurzen Vertrauenserklärung: Gott wird uns in jedem Augenblick mit Liebe behüten und unser Leben vor allem Bösen schützen (vgl. V. 7). All unser Tun, in den letzten beiden Verben »fortgehen« und »wiederkommen« knapp zusammengefasst, geschieht immer unter dem wachsamen Auge des Herrn. Dies gilt für unser ganzes Handeln und unsere ganze Zeit, »von nun an bis in Ewigkeit« (V. 8).

4. Wir wollen jetzt zum Schluss diese letzte Vertrauenserklärung mit einem spirituellen Zeugnis der frühchristlichen Tradition kommentieren. Im Epistolarium des Barsanuphios von Gaza (gestorben um die Mitte des sechsten Jahrhunderts), ein berühmter Asket, der wegen der Weisheit seines Urteils von Mönchen, Priestern und Laien zu Rate gezogen wurde, finden wir wiederholt den Psalmvers: »Der Herr behüte dich vor allem Bösen, er behüte dein Leben.« Mit diesem Psalm, mit diesem Vers wollte Barsanuphios diejenigen ermutigen, die ihm von ihrer

Mühe, den Prüfungen des Lebens, den Gefahren und Heimsuchungen berichteten.

¶ Als Barsanuphios einmal von einem Mönch um sein Fürbittgebet für ihn und seine Gefährten gebeten wurde, antwortete er, indem er in seine guten Wünsche das Zitat dieses Verses aufnahm: »Meine geliebten Söhne, ich umarme euch im Herrn und bitte ihn, euch ›vor allem Bösen zu behüten‹ und euch Geduld zu geben wie dem Hiob, Gnade wie dem Josef, Milde wie dem Mose und Tapferkeit im Kampf wie dem Josua, Sohn des Nun, Beherrschung der Gedanken wie den Richtern, Unterwerfung der Feinde wie den Königen David und Salomon und Fruchtbarkeit der Erde wie den Israeliten … Er schenke euch die Vergebung eurer Sünden und die Heilung des Leibes wie dem Gelähmten. Er rette euch vor der Flut wie Petrus, und er entreiße euch der Bedrängnis wie Paulus und die anderen Apostel. Er ›behüte‹ euch als seine wahren Söhne ›vor allem Bösen‹, und er gewähre euch das, um was euer Herz bittet in seinem Namen, zum Heil der Seele und des Leibes. Amen« (Barsanuphios und Johannes von Gaza, Epistolario, 194: Collana di Testi Patristici, XCIII, Rom 1991, S. 235–236).

¶ *Gott ist der Hüter seines Volkes. Diese Gewissheit bestimmt den Beter von Psalm 121: »Der Hüter Israels schläft und schlummert nicht; er steht seinen Getreuen zur Seite« (vgl. V. 4–5). Ob bei Tag oder in der Nacht: Der Herr ist immer zugegen und verabschiedet sich niemals aus dem Leben seines Volkes. Festes Vertrauen in Gottes Gegenwart und Hilfe gibt unserem Tun zu jeder Zeit Richtung und Sicherheit. Daher beten wir Christen gerne mit den Worten des Psalmisten: »Meine Hilfe kommt vom Herrn, der Himmel und Erde gemacht hat« (Ps 121,2).*

Benedikt XVI. am 4. Mai 2005

PSALM 123

1 [Ein Wallfahrtslied.]
Ich erhebe meine Augen zu dir,
der du hoch im Himmel thronst.
2 Wie die Augen der Knechte auf die Hand ihres Herrn,
wie die Augen der Magd auf die Hand ihrer Herrin,
so schauen unsre Augen auf den Herrn, unsern Gott,
bis er uns gnädig ist.
3 Sei uns gnädig, Herr, sei uns gnädig!
Denn übersatt sind wir vom Hohn der Spötter,
4 übersatt ist unsre Seele von ihrem Spott,
von der Verachtung der Stolzen.

Liebe Brüder und Schwestern!

Ihr habt leider unter dem Regen gelitten. Jetzt hoffen wir, dass das Wetter besser wird.

1. Jesus bekräftigt im Evangelium sehr einprägsam, dass das Auge ein ausdruckvolles Zeichen des inneren Ich ist, ein Spiegel der Seele (vgl. Mt 6,22–23). Der soeben verkündete Psalm 123 beschreibt also eine Begegnung von Blicken. Der Gläubige erhebt seine Augen zum Herrn und erwartet eine göttliche Reaktion, um darin eine Geste der Liebe, einen Blick des Wohlwollens zu erkennen.

¶ Auch wir erheben ein wenig die Augen und warten auf eine Geste des Wohlwollens von seiten des Herrn. Nicht selten ist im Psalter die Rede vom Blick des Allerhöchsten, der »vom Himmel herab[blickt] auf die Menschen, ob noch ein Verständiger da ist, der Gott sucht« (Ps 14,2). Der Psalmist bedient sich, wie wir gehört haben, eines Vergleichs mit dem Knecht und der Magd, die sich an ihren Herrn wenden in Erwartung eines befreienden Entscheids.

¶ Auch wenn sich die Szene auf die antike Welt und ihre gesellschaftlichen Strukturen bezieht, ist der Gedanke klar und bedeutungsvoll: Das aus der Welt des Alten Orients entlehnte Bild will das Festhalten des Armen, die Hoffnung des Unterdrückten und die Bereitschaft des Gerechten gegenüber dem Herrn hervorheben.

2. Der Beter wartet darauf, dass sich die göttlichen Hände regen, weil sie der Gerechtigkeit entsprechend handeln und das Böse vernichten werden. Deshalb richtet der Beter im Psalter oft seine Augen voll Hoffnung auf den Herrn: »Meine Augen schauen stets auf den Herrn; denn er befreit meine Füße aus dem Netz« (Ps 25,15), doch »mir versagen die Augen, während ich warte auf meinen Gott« (Ps 69,4).

¶ Psalm 123 ist ein Bittgebet, in dem sich die Stimme eines Gläubigen mit den Stimmen der ganzen Gemeinde vereint. Denn der Psalm wechselt von der ersten Person Singular – »ich erhebe« – zum Plural – »unsere Augen« und »sei uns gnädig« (vgl. V. 1–3). Es wird die Hoffnung ausgedrückt, dass die Hände des Herrn sich öffnen und Geschenke der Gerechtigkeit und Freiheit austeilen. Der Gerechte erwartet, dass sich der göttliche Blick in seiner ganzen Milde und Güte offenbart, wie es in dem alten Priestersegen des Buches Numeri zu lesen ist: »Der Herr lasse sein Angesicht über dich leuchten und sei dir gnädig. Der Herr wende sein Angesicht dir zu und schenke dir Heil« (Num 6,25–26).

3. Wie wichtig der liebevolle Blick Gottes ist, das wird im zweiten Teil des Psalms deutlich, der von der Anrufung: »Sei uns gnädig, Herr, sei uns gnädig!« (Ps 123,3), geprägt ist. Diese steht im Zusammenhang mit dem Ende des ersten Teils, wo das vertrauensvolle Warten auf den Herrn, unseren Gott, »bis er uns gnädig ist« (V. 2), betont wird. ¶ Die Gläubigen benötigen Gottes Eingreifen, weil sie aufgrund der Verachtung und Verhöhnung seitens der Stolzen in einer schmerzlichen Lage sind. Der Psalmist verwendet nun das Bild der Sattheit: »Denn übersatt sind wir vom Hohn der Spötter. Übersatt ist unsere Seele von ihrem Spott, von der Verachtung der Stolzen« (V. 3–4). ¶ Der traditionellen biblischen Sattheit an Speise und an Lebensjahren, die als Zeichen des göttlichen Segens gelten, wird jetzt ein unerträgliches Sattsein entgegengesetzt, das aus einer übergroßen Last von Erniedrigungen besteht. Und wir wissen, dass heute viele Nationen, viele Menschen tatsächlich mit Hohn überschüttet werden und dass sie den Spott der Genießer, die Verachtung der Stol-

zen »satt« haben. Beten wir für sie, und helfen wir unseren gedemütigten Brüdern.

¶ Die Gerechten haben deshalb ihre Anliegen dem Herrn anvertraut, und er bleibt nicht gleichgültig gegenüber den flehenden Blicken, er ignoriert ihre und unsere Bitten nicht, er enttäuscht ihre Hoffnung nicht.

4. Zum Abschluss hören wir die Stimme des hl. Ambrosius, des großen Erzbischofs von Mailand, der im Geist des Psalmisten das Werk Gottes, das uns in Jesus, dem Erlöser, erreicht, poetisch zum Ausdruck bringt: »Christus ist alles für uns. Wenn du eine Wunde behandeln willst, ist er Arzt; wenn du vom Fieber ausgedorrt bist, ist er Quelle; wenn du durch Ungerechtigkeit unterdrückt wirst, ist er Gerechtigkeit; wenn du Hilfe brauchst, ist er Kraft; wenn du den Tod fürchtest, ist er Leben; wenn du den Himmel ersehnst, ist er Weg; wenn du die Finsternis fliehst, ist er Licht; wenn du Speise suchst, ist er Nahrung« (La verginità, 99: SAEMO, XIV/2, Mailand/ Rom 1989, S. 91).

¶ *Das Gebet gleicht einem geistigen Erheben der Augen, einem hoffnungserfüllten Aufschauen zu Gott. Mit seinem Blick richtet der Beter sein Innerstes, seine Seele auf den Herrn. Aufmerksam gegenüber dem göttlichen Willen vertrauen die Gläubigen auf sein Eingreifen in Liebe und Güte, wie Psalm 123 sagt: »Wie die Augen der Knechte auf die Hand ihres Herrn, so schauen unsre Augen auf den Herrn, unsern Gott, bis er uns gnädig ist« (V. 2).*

¶ *Der Herr lässt sein Angesicht über den Seinen leuchten. Wir alle bedürfen der liebevollen Zuwendung Gottes; ohne seine Hilfe geht unser Leben fehl. Denn oft sind wir der Verachtung und des Spottes derer ausgesetzt, die Gott aus ihrem Leben ausschließen. Wir wissen, dass der Herr das Vertrauen und die Hoffnung der Seinen nicht enttäuscht. Wenn die Augen unseres Herzens seinem väterlichen Blick begegnen, erblüht in unserer Seele die Gnade und wir werden heil.*

Benedikt XVI. am 15. Juni 2005

Psalm 125

1 [Ein Wallfahrtslied.]
Wer auf den Herrn vertraut, steht fest wie der / Zionsberg,
der niemals wankt, der ewig bleibt.
2 Wie Berge Jerusalem rings umgeben,
so ist der Herr um sein Volk von nun an auf ewig.
3 Das Zepter des Frevlers soll nicht auf dem Erbland der Gerechten lasten,
damit die Hand der Gerechten nicht nach Unrecht / greift.
4 Herr, tu Gutes den Guten,
den Menschen mit redlichem Herzen!
5 Doch wer auf krumme Wege abbiegt,
den jage, Herr, samt den Frevlern davon!
Frieden über Israel!

Liebe Brüder und Schwestern!

1. Bei unserer heutigen Begegnung, die nach meinem Urlaub im Aosta-Tal stattfindet, wollen wir unseren Weg durch die Liturgie der Vesper wiederaufnehmen. Diesmal befassen wir uns mit Psalm 125, der zu jener bedeutsamen und eindrucksvollen Sammlung von Texten gehört, die als »Wallfahrtslieder« bezeichnet werden, ein ideales Gebetbüchlein für die Pilgerfahrt auf den Berg Zion im Hinblick auf die Begegnung mit dem Herrn im Tempel (vgl. Ps 120–134).

¶ Der Text, den wir nun kurz betrachten wollen, ist ein Weisheitslied, das Vertrauen in den Herrn weckt und einen kurzen Bittruf enthält (vgl. Ps 125,4). Der erste Satz verweist auf die Standhaftigkeit dessen, der »auf den Herrn vertraut«, und vergleicht sie mit der »festen« und sicheren Standhaftigkeit des »Zionsberges«, die offensichtlich der Gegenwart Gottes zu verdanken ist, der Fels, Burg, Retter, Feste, Schild und sicheres Heil ist, wie es in einem anderen Psalm heißt (vgl. Ps 18,3). Auch wenn der Glaubende sich alleingelassen und von Gefahren und Feindseligkeiten bedrängt fühlt, soll sein Glaube immer unbeschwert bleiben. Denn der Herr ist immer bei uns. Seine Stärke umgibt und beschützt uns.

¶ Auch der Prophet Jesaja bezeugt, aus dem Munde Gottes diese an die Gläubigen gerichteten Worte vernommen zu haben: »Seht her, ich lege einen Grundstein in Zion, einen harten und kostbaren Eckstein, ein Fundament, das sicher und fest ist: Wer glaubt, der braucht nicht zu fliehen« (28,16).

2. Das Vertrauen aber – so fährt der Psalmist fort –, das für den Gläubigen zur Glaubensatmosphäre gehört, stützt sich auf ein weiteres Element: Der Herr hat sich zur Verteidigung seines Volkes gleichsam in Stellung gebracht, so wie die Berge Jerusalem umgeben und es dadurch zu einer von natürlichen Schutzwällen befestigten Stadt werden lassen (vgl. Ps 125,2). In einer Weissagung Sacharjas sagt

Gott über Jerusalem: »Ich selbst … werde für die Stadt ringsum eine Mauer von Feuer sein und in ihrem Innern ihr Ruhm und ihre Ehre« (Sach 2,9). In dieser Atmosphäre radikalen Vertrauens, die für die Glaubensatmosphäre bezeichnend ist, beruhigt der Psalmist »die Gerechten«, die Gläubigen. Ihre Situation könnte an sich besorgniserregend erscheinen angesichts der anmaßenden Haltung der Frevler, die ihnen ihre Herrschaft aufzwingen wollen. Auch bestünde für die Gerechten die Gefahr, sich am Bösen mitschuldig zu machen, um schwerwiegenden Unannehmlichkeiten aus dem Weg zu gehen, doch der Herr beschützt sie vor der Unterdrückung: »Das Zepter des Frevlers soll nicht auf dem Erbland der Gerechten lasten …« (Ps 125,3); zugleich bewahrt er sie vor der Versuchung, dass »die Hand der Gerechten … nach Unrecht greift« (ebd.).

¶ Der Psalm flößt dem Herzen also tiefes Vertrauen ein. Er ist eine machtvolle Hilfe, wenn es darum geht, sich schwierigen Situationen zu stellen, wenn nämlich zur äußeren Krise des Ausgeschlossenseins, der Ironie und der Verachtung gegenüber den Glaubenden die innere Krise der Mutlosigkeit, Mittelmäßigkeit und Müdigkeit hinzukommt. Wir kennen diese Situation, aber der Psalm lässt uns wissen, dass wir stärker sind als diese Übel, wenn wir uns vom Vertrauen tragen lassen.

3. Im Schlussteil des Psalms findet sich ein Bittruf zum Herrn zugunsten der »Guten« und der »Menschen mit red-

lichem Herzen« (vgl. V. 4), und es wird jenen Unheil angekündigt, »die auf krumme Wege abbiegen« (V. 5). Einerseits bittet der Psalmist darum, der Herr möge sich als liebevoller Vater erweisen gegenüber den Gerechten und Glaubenden, die die Fackel eines rechtschaffenen Lebens und eines guten Gewissens hochhalten. Andererseits wird erwartet, dass er sich als gerechter Richter all jener erweist, die auf den verschlungenen Pfaden des Bösen gingen, die letztlich zum Tod führen.

¶ Besiegelt wird der Psalm vom traditionellen Gruß des Schalom, des »Frieden über Israel«, eines Grußes, der in lautlicher Anlehnung an das Wort Jerushalajim gebildet wurde, Jerusalem also (vgl. V. 2), die symbolische Stadt des Friedens und der Heiligkeit. Dieser Gruß wird zu einem Wunsch, der reich ist an Hoffnung. Wir können ihn veranschaulichen durch die Worte des hl. Paulus: »Friede und Erbarmen komme über alle, die sich von diesem Grundsatz leiten lassen, und über das Israel Gottes« (Gal 6,16).

4. In seinem Kommentar zu diesem Psalm stellt der hl. Augustinus jene, »die auf verschlungenen Wegen gehen«, denjenigen gegenüber, »die ein rechtschaffenes Herz haben und sich nicht von Gott entfernen«. Wenn erstere »das gleiche Los wie die Frevler treffen wird«, wie wird dann das Schicksal der Menschen mit »rechtschaffenem Herzen« sein? In der Hoffnung, dass er selbst und seine Zuhörer am

glücklichen Los letzterer Anteil haben dürfen, stellt sich der Bischof von Hippo die Frage: »Was werden wir besitzen? Worin wird unser Erbteil bestehen? Wie wird unsere Heimat aussehen? Welchen Namen wird sie tragen?« Er selbst antwortet und nennt ihren Namen – wobei ich mit seinen Worten sprechen will: »Friede. Mit dem Wunsch nach Frieden grüßen wir euch; den Frieden verkünden wir euch; die Berge tragen den Frieden und die Höhen Gerechtigkeit (vgl. Ps 72,3). Unser Friede ist nun Christus: ›Denn er ist unser Friede‹ (Eph 2,14) (Esposizioni sui Salmi, IV, Nuova Biblioteca Agostiniana, XXVIII, Rom 1977, S. 105).

¶ Der hl. Augustinus schließt mit einer Mahnung, die zugleich auch einen Wunsch beinhaltet: »Wir sind das Israel Gottes und halten am Frieden fest, denn Jerusalem ist gleichbedeutend mit einer Friedensvision und wir sind Israel: jenes Israel, über dem der Friede ruht« (ebd., S. 107), und der Friede ist Christus.

¶ *Psalm 125, den wir zu Beginn dieser Audienz vernommen haben, führt uns in den anschaulichen Bildern der Berge und Felsen die schützende Treue Gottes vor Augen: Der gläubige Mensch kann stets auf Gottes Zusage bauen und weiß sich in seiner Liebe geborgen. In dieser Gewissheit wendet er sich an den Herrn mit der vertrauensvollen Bitte um das unschätzbare Geschenk des Friedens.*

¶ *Auf ihrem Weg durch die Zeit teilen die Christen die Nöte und Ängste aller Menschen und sind denselben Bedrohungen ausgesetzt. Nicht selten werden wir auch wegen unserer Überzeugungen belächelt und stoßen auf das Unverständnis der Welt. Doch mit Paulus, Augustinus und vielen anderen Glaubenszeugen wissen wir, dass Christus unser Friede ist (vgl. Eph 2,14). Wer auf seinen Wegen geht, wird Gottes Güte erfahren und kann aus der Kraft des Glaubens auch anderen Geborgenheit und Zuversicht schenken.*

BENEDIKT XVI. AM 3. AUGUST 2005

Psalm 127

1 [Ein Wallfahrtslied Salomos.]
Wenn nicht der Herr das Haus baut,
müht sich jeder umsonst, der daran baut.
Wenn nicht der Herr die Stadt bewacht,
wacht der Wächter umsonst.
2 Es ist umsonst, dass ihr früh aufsteht
und euch spät erst niedersetzt,
um das Brot der Mühsal zu essen;
denn der Herr gibt es den Seinen im Schlaf.
3 Kinder sind eine Gabe des Herrn,
die Frucht des Leibes ist sein Geschenk.
4 Wie Pfeile in der Hand des Kriegers,
so sind Söhne aus den Jahren der Jugend.
5 Wohl dem Mann, der mit ihnen den Köcher gefüllt hat!
Beim Rechtsstreit mit ihren Feinden scheitern sie nicht.

Liebe Brüder und Schwestern!

1. Der soeben verkündete Psalm 127 stellt uns ein abwechslungsreiches Schauspiel vor: ein Haus im Aufbau, die Stadt mit ihren Wächtern, das Leben der Familien, die Nachtwachen, die tägliche Arbeit, die kleinen und großen Geheimnisse des Daseins. Über allem aber erhebt sich eine entscheidende Gegenwart, die des Herrn, von der die Werke des Menschen durchdrungen sind, wie die einprägsame Einleitung des Psalms sagt: »Wenn nicht der Herr

das Haus baut, müht sich jeder umsonst, der daran baut« (V. 1).
Sicherlich, eine gefestigte Gesellschaft erwächst aus dem Einsatz aller ihrer Mitglieder, aber sie bedarf des Segens und der Hilfe jenes Gottes, der leider oft ausgeschlossen oder nicht wahrgenommen wird. Das Buch der Sprichwörter betont ganz entschieden den Vorrang des göttlichen Handelns zum Wohl einer Gemeinschaft, indem es bekräftigt: »Der Segen des Herrn macht reich, eigene Mühe tut nichts hinzu« (Spr 10,22).

2. Diesem Weisheitspsalm, Frucht des Nachdenkens über die alltägliche Lebenswirklichkeit, liegt ein wesentlicher Gegensatz zugrunde: Ohne den Herrn müht man sich vergeblich, ein festgefügtes Haus zu bauen, eine sichere Stadt zu errichten und die eigene Mühe Frucht bringen zu lassen (vgl. Ps 127,1–2). Mit dem Herrn hingegen erlangt man Wohlstand und Fruchtbarkeit, eine kinderreiche glückliche Familie, eine gut bewaffnete und geschützte Stadt ohne Bedrohungen und Unsicherheiten (vgl. V. 3–5).
¶ Der Text beginnt mit dem Hinweis auf den Herrn, der als Baumeister des Hauses und Wächter, der die Stadt behütet, dargestellt wird (vgl. Ps 121,1–8). Der Mann geht morgens aus dem Haus, um für den Familienunterhalt und im Dienste der gesellschaftlichen Entwicklung zu arbeiten. Diese Arbeit erfordert alle seine Kräfte, von früh bis spät (vgl. Ps 127,2), bis ihm der Schweiß auf der Stirn steht (vgl. Gen 3,19).

3. Und doch, obwohl der Psalmist die Bedeutung der Arbeit anerkennt, zögert er nicht zu bekräftigen, dass die ganze Arbeit nutzlos ist, wenn Gott nicht dem, der sich müht, zur Seite steht. Und er sagt, dass Gott seine Freunde sogar im Schlaf belohnt. Dadurch will der Psalmist den Primat der göttlichen Gnade betonen, die dem immer von Grenzen und Hinfälligkeit gezeichneten menschlichen Tun Wert und Bestand verleiht. Wenn wir unsere Freiheit gelassen und treu dem Herrn überantworten, werden auch unsere Werke beständig und können auf Dauer Frucht bringen. Unser »Schlaf« wird so zu einer von Gott gesegneten Ruhepause und besiegelt eine Tätigkeit, die Sinn und Bestand hat.

4. An dieser Stelle gehen wir zum nächsten Bild über, das von unserem Psalm gezeigt wird. Der Herr schenkt als Gabe die Kinder, die als ein Segen und eine Gnade, als Zeichen des Lebens, das sich fortsetzt, und als Zeichen der Heilsgeschichte angesehen werden, die auf neue Epochen ausgerichtet ist (vgl. V. 3). Der Psalmist erwähnt lobend die »Söhne aus den Jahren der Jugend«: Der Vater hat in seiner Jugend Söhne gezeugt, die er nicht nur in ihrer vollen Kraft sehen wird, sondern sie werden seine Stütze im Alter sein. So kann er zuversichtlich in die Zukunft blicken, weil er einem Krieger ähnelt, der mit spitzen und siegreichen »Pfeilen«, das heißt mit Söhnen, ausgestattet ist (vgl. V. 4–5).

¶ Das Bild, das sich an die Kultur jener Zeit anlehnt, will die Sicherheit, die Festigkeit, die Kraft einer kinderreichen Familie hervorheben, wie es im nachfolgenden Psalm 128 wiederholt wird, in dem das Bild einer glücklichen Familie gezeichnet wird.

¶ Das Schlussbild zeigt einen Vater inmitten seiner Kinder, der am Stadttor, dem Zentrum des öffentlichen Lebens, respektvoll behandelt wird. Kinder sind also eine Gabe, die der Gesellschaft Leben und Wohlstand bringt. Das wissen wir in unseren Tagen angesichts der Völker, denen es auf Grund der Bevölkerungsabnahme an Frische, Energie und Zukunft mangelt, die von den Kindern verkörpert werden. Über allem erhebt sich aber die segnende Gegenwart Gottes, der Quelle des Lebens und der Hoffnung.

5. Psalm 127 wurde oft von geistlichen Schriftstellern verwendet, um diese göttliche Gegenwart herauszustellen, die für das Fortschreiten auf dem Weg des Guten und des Reiches Gottes entscheidend ist. So lehrt der Mönch Jesaja (491 in Gaza gestorben) in seinem Asceticon (Logos 4,118), wenn er das Vorbild der frühen Patriarchen und Propheten in Erinnerung ruft: »Sie stellten sich unter Gottes Schutz und erbaten seinen Beistand, ohne dass sie auf die Mühe vertrauten, die sie sich gegeben hatten. Und Gottes Schutz war für sie eine befestigte Stadt, denn sie wussten, dass sie ohne Gottes Hilfe ohnmächtig waren und sprachen deshalb voll Demut mit dem Psalmisten: ›Wenn

nicht der Herr das Haus baut, müht sich jeder umsonst, der daran baut. Wenn nicht der Herr die Stadt bewacht, wacht der Wächter umsonst‹« (Recueil ascétique, Abbaye de Bellefontaine 1976, S. 74–75). Das gilt auch heute: Nur die Gemeinschaft mit dem Herrn kann unsere Häuser und Städte sichern.

¶ *Die Katechese der heutigen Audienz befasst sich mit Psalm 127. Dieser Psalm ruft uns in Erinnerung, dass alles Mühen des Menschen nur durch den Segen Gottes dauernden Bestand erlangt. Unser Schaffen unterliegt den beschränkten menschlichen Kräften und der Dauer unseres Lebens, die wir nicht selbst bestimmen können. Dennoch empfindet der Mensch zu Recht eine tiefe Sehnsucht, diese Grenzen zu überschreiten.*

¶ *Der Psalmist verweist uns auch auf das große Geschenk der Kinder. Kinder sind keine »Belästigung« und kein »Produkt«, das persönliche Wünsche befriedigt; sie sind »eine Gabe des Herrn« (Ps 127,3). Gottes Segen ruht auf jenen, die dieses große Geschenk mit offenem Herzen empfangen. Ebenso wissen wir aus dem Glauben: Unsere Werke können bleibende, ja sogar ewige Frucht bringen, wenn die Gnade Gottes in uns wirkt und wir mit ihr zusammenarbeiten. Denn mit den guten Taten, die wir im Stand der Gnade vollbringen, sammeln wir unvergängliche Schätze im Himmel.*

Benedikt XVI. am 31. August 2005

Psalm 135,1–12

1 Halleluja! Lobt den Namen des Herrn,
lobt ihn, ihr Knechte des Herrn,
2 die ihr steht im Haus des Herrn,
in den Vorhöfen am Haus unsres Gottes.
3 Lobt den Herrn, denn der Herr ist gütig.
Singt und spielt seinem Namen, denn er ist /
freundlich.
4 Der Herr hat sich Jakob erwählt,
Israel wurde sein Eigentum.
5 Ja, das weiß ich: Groß ist der Herr,
unser Herr ist größer als alle Götter.
6 Alles, was dem Herrn gefällt, vollbringt er,
im Himmel, auf der Erde, in den Meeren, /
in allen Tiefen.
7 Er führt Wolken herauf vom Ende der Erde,
er lässt es blitzen und regnen,
aus seinen Kammern holt er den Sturmwind hervor.
8 Er erschlug Ägyptens Erstgeburt,
bei Menschen und beim Vieh.
9 Gegen dich, Ägypten, sandte er Zeichen und Wunder,
gegen den Pharao und all seine Knechte.
10 Er schlug viele Völker nieder
und tötete mächtige Könige:
11 Sihon, den König der Amoriter,
Og, den König von Baschan,
und alle Reiche Kanaans.

12 Ihr Land gab er Israel zum Erbe,
zum Erbe Israel, seinem Volk.

Liebe Brüder und Schwestern!

1. Wir haben nun den ersten Teil von Psalm 135 vor Augen, einen liturgischen Hymnus voller Anspielungen, Anklänge und Hinweise auf andere biblische Texte. In der Tat verfasst die Liturgie ihre Texte oft so, dass sie aus dem reichen Erbe der Bibel ein großes Repertoire an Themen und Gebeten entnimmt, die den Weg der Gläubigen begleiten.

¶ Wir folgen dem vom Gebet durchdrungenen Gedankengang dieses ersten Abschnitts (vgl. Ps 135,1–12), der mit einer umfassenden und nachdrücklichen Einladung, den Herrn zu loben (vgl. V. 1–3), beginnt. Der Aufruf richtet sich an die »Knechte des Herrn, die ihr steht im Haus des Herrn, in den Vorhöfen am Haus unseres Gottes« (V. 1–2).

¶ Wir befinden uns also in der bewegenden Atmosphäre einer gottesdienstlichen Feier, die im Tempel stattfindet, am bevorzugten und gemeinsamen Ort des Gebets. Dort spürt man deutlich die Gegenwart »unseres Gottes«, eines »gütigen« und »freundlichen« Gottes, des Gottes der Erwählung und des Bundes (vgl. V. 3–4).

¶ Nach der Einladung zum Lobpreis, verkündet eine Solostimme das Bekenntnis des Glaubens, das mit der Formel »Ja, das weiß ich« (V. 5) beginnt. Dieses Credo bildet den Kern des ganzen Hymnus, der sich als eine Kundgabe der Größe des Herrn erweist (ebd.), die in seinen wunderbaren Werken deutlich wird.

2. Die göttliche Allmacht offenbart sich ständig in der ganzen Welt »im Himmel, auf der Erde, in den Meeren, in allen Tiefen«. Gott ist es, der Wolken, Blitze, Regen und Stürme hervorbringt, die er gleichsam in seinen »Kammern« oder Speichern aufbewahrt (vgl. V. 6–7).

¶ Aber in diesem Bekenntnis des Glaubens wird vor allem ein anderer Aspekt des göttlichen Wirkens gepriesen. Es handelt sich um das wunderbare Eingreifen in die Geschichte, wo der Schöpfer sein Antlitz als Erlöser seines Volkes und Herrscher der Welt zeigt. Dem Volk Israel, das sich im Gebet sammelt, werden die wichtigsten Ereignisse des Exodus vor Augen geführt.

¶ Da ist vor allem die wesentliche Zusammenfassung und Erinnerung an die ägyptischen »Plagen«, die Geißeln, die vom Herrn hervorgerufen wurden, um den Unterdrükker zu beugen (vgl. V. 8–9). Es folgt dann das Gedenken an die Siege, die Israel nach der langen Wanderung durch die Wüste errungen hat. Sie werden dem machtvollen Eingreifen Gottes zugeschrieben, der »viele Völker niederschlug und mächtige Könige tötete« (V. 10). Und schließlich ist die Rede vom so tief ersehnten und erwarteten Ziel, dem verheißenen Land: »Ihr Land gab er Israel zum Erbe, zum Erbe Israel, seinem Volk« (V. 12).

¶ Die göttliche Liebe wird in der Geschichte durch alle ihre schwierigen und ruhmvollen Ereignisse konkret und gleichsam greifbar. Die Liturgie hat die Aufgabe, die göttlichen Gaben immer gegenwärtig und wirksam zu machen, vor allem in der großen österlichen Feier, die die Wurzel aller übrigen Feierlichkeiten ist und das höchste Sinnbild der Freiheit und der Erlösung bildet.

3. Wir fassen den geistlichen Inhalt des Psalms und seines Lobpreises an Gott zusammen, indem wir ihn mit den Worten des hl. Klemens von Rom noch einmal vortragen, wie er im langen Schlussgebet seines Briefes an die Korinther erklingt. Klemens schreibt, wie in Psalm 135 das Antlitz Gottes, des Erlösers, erschienen sei, so komme jetzt sein Schutz, der schon den alten Vätern gewährt wurde, in Christus zu uns: »Herr, lass dein Angesicht über uns leuchten für ein Wohlergehen in Frieden; schütze uns mit deiner mächtigen Hand und bewahre uns vor jeder Sünde mit deinem allerhöchsten Arm und rette uns vor denen, die uns zu Unrecht hassen. Schenke uns und allen Bewohnern der Erde Eintracht und Frieden, wie du sie unseren Vätern gewährt hast, als sie im Glauben und in der Wahrheit vertrauensvoll zu dir riefen … Dir, der du allein imstande bist, diese und noch größere Wohltaten für uns zu vollbringen, danken wir durch den Hohenpriester und Beschützer unserer Seelen, Jesus Christus, durch den dir jetzt Ruhm und Ehre zuteil werde von Generation zu Ge-

neration in alle Ewigkeit. Amen« (60,3–4; 61,3: Collana di Testi Patristici, V, Rom 1984, S. 90–91).

¶ Ja, dieses Gebet eines Papstes aus dem ersten Jahrhundert können auch wir in diesen unseren Tagen beten und es als unser Gebet für die heutige Zeit ansehen: »Herr, lass dein Angesicht über uns leuchten für ein Wohlergehen in Frieden. Schenke uns und allen Bewohnern der Erde in der gegenwärtigen Zeit Eintracht und Frieden, durch Jesus Christus, der herrscht von Generation zu Generation in alle Ewigkeit. Amen.«

¶ *Gegenstand unserer Betrachtung ist heute Psalm 135. Darin treten drei wesentliche Elemente der gottesdienstlichen Feier des Alten Bundes hervor: die Einladung zum gemeinschaftlichen Lobpreis, das Bekenntnis der Größe Gottes und die Erinnerung an die Wundertaten, die der Herr aus Liebe zu seinem Volk vollbracht hat. Für Israel sind dies vor allem die Befreiung aus Ägypten und das Geschenk des verheißenen Landes.*

¶ *Lobpreis, Bekenntnis und Gedächtnis prägen auch die Liturgie des Neuen Bundes, der Kirche. Sie hat die Aufgabe, die göttlichen Gaben wirksam zu vergegenwärtigen, Gott zu danken und ihn zu verherrlichen. Unser Gottesdienst findet seinen Höhepunkt in der Eucharistie, in der wir das Opfer Christi begehen und unsere Erlösung feiern. So lesen wir im ersten Petrusbrief: »Ihr seid ein auserwähltes Geschlecht, damit ihr die großen Taten dessen verkündet, der euch aus der Finsternis in sein wunderbares Licht gerufen hat« (1 Petr 2,9).*

Benedikt XVI. am 28. September 2005

Psalm 142

1 [Ein Weisheitslied Davids, als er in der Höhle war. /
Ein Gebet.]

2 Mit lauter Stimme schrei ich zum Herrn,
laut flehe ich zum Herrn um Gnade.

3 Ich schütte vor ihm meine Klagen aus,
eröffne ihm meine Not.

4 Wenn auch mein Geist in mir verzagt,
du kennst meinen Pfad.
Auf dem Weg, den ich gehe,
legten sie mir Schlingen.

5 Ich blicke nach rechts und schaue aus,
doch niemand ist da, der mich beachtet.
Mir ist jede Zuflucht genommen,
niemand fragt nach meinem Leben.

6 Herr, ich schreie zu dir,
ich sage: Meine Zuflucht bist du,
mein Anteil im Land der Lebenden.

7 Vernimm doch mein Flehen;
denn ich bin arm und elend.
Meinen Verfolgern entreiß mich;
sie sind viel stärker als ich.

8 Führe mich heraus aus dem Kerker,
damit ich deinen Namen preise.
Die Gerechten scharen sich um mich,
weil du mir Gutes tust.

Liebe Brüder und Schwestern!

1. Am Abend des 3. Oktober 1226 verstarb der hl. Franz von Assisi. Sein letztes Gebet war der Psalm 142, den wir soeben gehört haben. Der hl. Bonaventura berichtet, dass Franziskus »in den Ruf des Psalms ausbrach: ›Mit lauter Stimme schreie ich zum Herrn, laut flehe ich zum Herrn um Gnade‹, und er sprach ihn bis zum letzten Vers: ›Die Gerechten scharen sich um mich, weil du mir Gutes tust‹« (Legenda Maior, XIV,5, in: Fonti Francescane, Padova-Assisi 1980, S. 958).

¶ Der Psalm ist ein dringender Hilferuf mit einer Reihe von Bitten, die an den Herrn gerichtet sind: »Ich schreie«, »ich flehe laut zum Herrn«, »ich schütte vor ihm meine Klagen aus«, »eröffne ihm meine Not« (V. 2–3). Im mittleren Teil des Psalms herrscht das Vertrauen auf Gott vor, dem das Leid des Gläubigen nicht gleichgültig ist (vgl. V. 4–8). In dieser Haltung sah der hl. Franz dem Tod entgegen.

2. Gott wird mit »Du« angesprochen, wie eine Person, die Sicherheit gibt: »Meine Zuflucht bist du« (V. 6). »Du kennst meinen Pfad«, das heißt meinen Lebensweg, einen Weg, der von der Suche nach Gerechtigkeit gekennzeichnet ist. Aber auf diesem Weg legten die Gottlosen mir Schlingen (vgl. V. 4): Es ist das typische Bild, das den Jagdszenen entnommen ist und in den Bittrufen der Psalmen häufig auftritt, um auf die Gefahren und Tücken hinzuweisen, denen der Gerechte ausgesetzt ist.

¶ Angesichts dieses Alptraums gibt der Psalmist sozusagen ein Alarmsignal, damit Gott seine Lage sieht und eingreift: »Ich blicke nach rechts und schaue aus« (V. 5). Nach orientalischem Brauch stand am Gerichtsort rechts von einer Person der Verteidiger oder der entlastende Zeuge und im Kriegsfall die Leibwache. Der Gläubige ist also allein und verlassen, »niemand ist da, der mich beachtet«. Er stellt voller Angst fest: »Mir ist jede Zuflucht genommen, niemand fragt nach meinem Leben« (V. 5).

3. Ein Schrei, gleich danach, offenbart die Hoffnung, die im Herzen des Betenden wohnt. Der einzige Schutz und die einzige wirksame Nähe ist Gott: »Meine Zuflucht bist du, mein Anteil im Land der Lebenden« (V. 6). »Anteil« bedeutet im Sprachgebrauch der Bibel das Geschenk des verheißenen Landes, das Zeichen der Liebe Gottes zu seinem Volk. Der Herr ist nun letztes und einziges Fundament, auf das man sich stützen kann, die einzige Lebensmöglichkeit, die letzte Hoffnung.

¶ Der Psalmist ruft ihn eindringlich an, denn er ist »arm und elend« (V. 7). Er bittet ihn, einzugreifen und die Ketten seines Kerkers der Verlassenheit und Anfeindung zu zerreißen und ihn aus dem Abgrund der Prüfung herauszuführen (vgl. V. 8).

4. Wie in anderen Bittpsalmen ist der letzte Ausblick eine Danksagung, die nach der Erhörung Gott dargebracht

wird: »Führe mich heraus aus dem Kerker, damit ich deinen Namen preise« (ebd.). Der Gläubige wird nach seiner Rettung dem Herrn inmitten der liturgischen Versammlung danken (vgl. ebd.). Die Gerechten werden sich um ihn scharen und das Heil des Bruders als ein Geschenk aufnehmen, das auch ihnen zuteil wird.

¶ Diese Atmosphäre sollte auch in den christlichen Versammlungen herrschen. Der Schmerz des einzelnen soll in den Herzen aller Widerhall finden; ebenso soll die Freude eines jeden von der ganzen betenden Gemeinde geteilt werden. Denn es ist »gut und schön, wenn Brüder miteinander in Eintracht wohnen« (Ps 133,1), und der Herr Jesus hat gesagt: »Denn wo zwei oder drei in meinem Namen versammelt sind, bin ich mitten unter ihnen« (Mt 18,20).

5. Die christliche Tradition hat Psalm 142 auf den verfolgten und leidenden Christus angewandt. In dieser Sicht verwandelt sich das leuchtende Ziel des Bittpsalms in ein österliches Zeichen aufgrund des herrlichen Ausgangs des Lebens Christi und unserer Bestimmung der Auferstehung mit ihm. Das bekräftigt der hl. Hilarius von Poitiers, der berühmte Kirchenlehrer des vierten Jahrhunderts, in seinem Traktat über die Psalmen.

¶ Er kommentiert die lateinische Übersetzung des letzten Psalmverses, wo von der Belohnung des Betenden und der Erwartung der Gerechten die Rede ist: »Me expectant iusti, donec tribuas mihi.« Hilarius erklärt: »Der Apostel lehrt uns, welche Belohnung der Vater seinem Sohn Jesus Christus gegeben hat: ›Darum hat ihn Gott über alle erhöht und ihm den Namen verliehen, der größer ist als alle Namen, damit alle im Himmel, auf der Erde und unter der Erde ihre Knie beugen vor dem Namen Jesu und jeder Mund bekennt: Jesus Christus ist der Herr – zur Ehre Gottes, des Vaters‹ (Phil 2,9–11). Das ist der Lohn: dem Leib, den er angenommen hat, wird die ewige Herrlichkeit des Vaters geschenkt.

¶ Was dann die Erwartung der Gerechten bedeutet, lehrt uns der Apostel, wenn er sagt: ›Unsere Heimat aber ist im Himmel. Von dorther erwarten wir auch Jesus Christus, den Herrn, als Retter, der unseren armseligen Leib verwandeln wird in die Gestalt seines verherrlichten Leibes‹ (Phil 3,20–21). In der Tat, die Gerechten warten auf ihn, damit er sie belohnt, das heißt, dass er sie der Herrlichkeit seines Leibes gleich macht, der gepriesen sei von Ewigkeit zu Ewigkeit. Amen« (PL 9, 833–837).

¶ *Im Vertrauen auf Gott, der auf das Leid des Menschen sieht, ruft der gläubige Beter: »Meine Zuflucht bist du, mein Anteil im Land der Lebenden« (Ps 142,6). In Gott erkennt der Glaubende das tragende Fundament eines sinnerfüllten Lebens. Diese Gewissheit trägt der Christ im Herzen.*

¶ *Das Bittgebet des Psalms wird zu einer Danksagung: Im Kreis der »Gerechten« dankt der Beter Gott für die Erhörung seines Flehens. Leid und Freude des einzelnen werden in das Gebet der christlichen Gemeinde hineingenommen.*

Johannes Paul II. am 12. November 2003

Psalm 143,1–11

1 [Ein Psalm Davids.]
Herr, höre mein Gebet, vernimm mein Flehen;
in deiner Treue erhöre mich, in deiner Gerechtigkeit!
2 Geh mit deinem Knecht nicht ins Gericht;
denn keiner, der lebt, ist gerecht vor dir.
3 Der Feind verfolgt mich, tritt mein Leben zu Boden,
er lässt mich in der Finsternis wohnen
wie längst Verstorbene.
4 Mein Geist verzagt in mir,
mir erstarrt das Herz in der Brust.
5 Ich denke an die vergangenen Tage,
sinne nach über all deine Taten,
erwäge das Werk deiner Hände.
6 Ich breite die Hände aus (und bete) zu dir;
meine Seele dürstet nach dir wie lechzendes Land.
7 Herr, erhöre mich bald,
denn mein Geist wird müde;
verbirg dein Antlitz nicht vor mir,
damit ich nicht werde wie Menschen,
die längst begraben sind.
8 Lass mich deine Huld erfahren am frühen Morgen;
denn ich vertraue auf dich.
Zeig mir den Weg, den ich gehen soll;
denn ich erhebe meine Seele zu dir.
9 Herr, entreiß mich den Feinden!
Zu dir nehme ich meine Zuflucht.

10 Lehre mich, deinen Willen zu tun; denn du bist / mein Gott.
Dein guter Geist leite mich auf ebenem Pfad.
11 Um deines Namens willen, Herr, erhalt mich am Leben,
führe mich heraus aus der Not in deiner / Gerechtigkeit!

Liebe Brüder und Schwestern!

1. Soeben wurde der Psalm 143 vorgelesen, der letzte der sogenannten »Bußpsalmen« im Septenar der im Psalter vorkommenden Bittpsalmen (vgl. Ps 6; 32; 38; 51; 102; 130; 143). Die christliche Tradition hat sie alle benutzt, um vom Herrn die Vergebung der Sünden zu erbitten. Der Text, den wir heute vertiefen wollen, lag dem Apostel Paulus besonders am Herzen: Er leitete aus ihm eine tief verwurzelte Sündhaftigkeit jedes Menschen ab: »… keiner der lebt, ist gerecht vor dir, (Herr)« (V. 2). Dieser Satz wurde vom Apostel als Grundlage seiner Lehre über die Sünde und die Gnade übernommen (vgl. Gal 2,16; Röm 3,20).

¶ Die Liturgie der Laudes bietet uns dieses Gebet an als Vorsatz der Treue und als Bitte um Gottes Hilfe am Tagesbeginn. In der Tat lässt uns der Psalm zu Gott sprechen: »Lass mich deine Huld erfahren am frühen Morgen; denn ich vertraue auf dich« (Ps 143,8).

2. Der Psalm beginnt mit einem inständigen und beharrlichen Ruf zu Gott, der dem Heilsversprechen gegenüber seinem Volk treu ist (vgl. V. 1). Der Beter erkennt an, dass er keine Verdienste geltend machen kann und bittet Gott demütig, über ihn nicht zu urteilen (vgl. V. 2).

¶ Dann schildert er die dramatische Situation, ähnlich einer tödlichen Gefahr, in der er sich befindet: Der Feind, der sinnbildlich für das Böse in der Geschichte und in der Welt steht, hat ihn bis an die Schwelle des Todes geführt. In der Tat, hier liegt er, am Boden, im Staub, gleichsam schon im Grab; in der Finsternis, die eine Verneinung des Lichtes, des göttlichen Lebenszeichens, ist; schließlich die »längst Verstorbenen« (vgl. V. 3), unter denen er schon zu wohnen scheint.

3. Das Dasein des Psalmisten ist zerstört. Ihm fehlt der Atem, und sein Herz scheint zu erstarren und nicht mehr schlagen zu können (vgl. V. 4). Der am Boden liegende, geschundene Gläubige hat nur noch die Hände frei, die sich zum Himmel in einer Geste erheben, die zugleich eine Bitte um Hilfe und Suche nach einer Stütze ist (vgl. V. 6). Denn er denkt an die Vergangenheit, in der Gott wunderbare Taten vollbracht hat (vgl. V. 5).

¶ Dieser Hoffnungsschimmer bringt das Eis des Leidens und der Prüfung zum Schmelzen, in dem der Beter unterzugehen droht (vgl. V. 7). Die Spannung ist zwar immer noch sehr groß, aber am Horizont erscheint ein Lichtstrahl. Wir gehen deshalb über zum zweiten Teil des Psalms (vgl. V. 7–11).

4. Er beginnt mit einer neuen, dringenden Bitte. Weil der Gläubige fühlt, dass ihn das Leben zu verlassen scheint, ruft er zu Gott: »Herr, erhöre mich bald, denn mein Geist wird müde« (V. 7). Er fürchtet, dass Gott sein Antlitz verbirgt und fern ist, ja, dass er sein Geschöpf allein gelassen hat.

¶ Das Verschwinden des göttlichen Antlitzes lässt den Menschen in die Verzweiflung, ja, in den Tod stürzen, denn der Herr ist die Quelle des Lebens. Gerade an dieser äußersten Grenze erwacht das Vertrauen in Gott, der niemanden verlässt. Der Beter vervielfacht seine Rufe und beteuert gegenüber dem Herrn sein Vertrauen: »... denn ich vertraue auf dich ... denn ich erhebe meine Seele zu dir ... Zu dir nehme ich meine Zuflucht ... du bist mein Gott.« Er bittet um Schutz vor seinen Feinden (vgl. V. 8–10) und um Befreiung aus der Not (vgl. V. 11), aber er wiederholt noch eine andere Bitte, die ein tiefes geistliches Verlangen offenbart: »Lehre mich, deinen Willen zu tun; denn du bist mein Gott« (V. 10a; vgl. V. 8b.10b). Diese bewundernswerte Bitte sollen wir uns zu eigen machen. Wir müssen begreifen, dass unser größtes Wohl die Übereinstimmung unseres Willens mit dem Willen unseres himmlischen Vaters ist, denn nur so können wir in uns seine ganze Liebe empfangen, die uns das Heil und die Fülle des Lebens bringt. Wenn es nicht von einem starken Verlangen nach Fügsamkeit gegenüber Gott begleitet wird, ist das Vertrauen in ihn nicht wahrhaftig.

¶ Der Beter ist sich dessen bewusst und bringt deshalb diesen Wunsch zum Ausdruck. Er bekennt also dadurch sein festes Vertrauen auf Gott, den Retter, der ihn von der Angst befreit und ihm den Geschmack am Leben wiedergibt im Namen seiner »Gerechtigkeit«, das heißt seiner liebevollen und heilbringenden Treue (vgl. V. 11). Von der anfänglichen bedrückenden Situation ist das Gebet in Hoffnung, Freude und Licht übergegangen, dank einer aufrichtigen Zustimmung zu Gott und seinem Willen, der ein Wille der Liebe ist. Das ist die Macht des Gebets, das Leben und Heil hervorbringt.

5. Der hl. Gregor der Große schaut auf Gottes Huld am frühen Morgen (vgl. V. 8), und in seinem Kommentar zu den sieben Bußpsalmen beschreibt er diesen Morgen voll Hoffnung und Freude so: »Das ist der Tag, der von der wahren Sonne erhellt wird, die keinen Untergang kennt, die von den Wolken nicht verdeckt und vom Nebel nicht verhüllt wird … Wenn Christus, unser Leben, erscheinen wird, werden wir Gott von Angesicht zu Angesicht schauen, dann wird sich jeder Schleier der Finsternis lüften, jeder Rauch der Unwissenheit auflösen, jeder Nebel der Versuchung verflüchten … Das wird der strahlende und herrliche Tag sein, der allen Erwählten von dem bereitet

wurde, der uns der Macht der Finsternis entrissen und in das Reich seines geliebten Sohnes überführt hat.

¶ Der Morgen dieses Tages ist die zukünftige Auferstehung … An jenem Morgen wird die Glückseligkeit der Gerechten glänzen, die Herrlichkeit erscheinen, der Jubel sichtbar sein, wenn Gott jede Träne von den Augen der Heiligen abwischen wird, wenn am Ende der Tod besiegt sein wird, wenn die Gerechten wie die Sonne im Reich des Vaters erglänzen werden.

¶ An jenem Morgen wird der Herr seine Barmherzigkeit spüren lassen, indem er sagt: ›Kommt her, die ihr von meinem Vater gesegnet seid‹ (Mt 25,34). Dann wird Gottes Erbarmen offenbar werden, das der menschliche Geist in diesem Leben nicht erfassen kann. Denn der Herr hat für die, die ihn lieben, das bereitet, was kein Auge je gesehen, kein Ohr je gehört hat und in kein Menschenherz je gedrungen ist« (PL 79, coll. 649–650).

¶ *Ein Schrei um Hilfe, ein »Notruf«, ist manchmal der Beginn einer neuen Gottesbeziehung: »Herr, vernimm mein Flehen; in deiner Treue erhöre mich!« (Ps 143,1). Die Hinwendung zu Gott nimmt uns die Angst. Freiheit, Dank und Liebe lassen den Wunsch stark werden, Gottes Willen zu erfüllen: »Lehre mich, deinen Willen zu tun; denn du bist mein Gott!« (Ps 143,10). Darin liegt unser Heil: Unseren Willen mit dem unseres himmlischen Vaters zu vereinen!*

Johannes Paul II. am 9. Juli 2003

Gott
der stärkt

Psalm 110

1 [Ein Psalm Davids.]
So spricht der Herr zu meinem Herrn:
Setze dich mir zur Rechten
und ich lege dir deine Feinde als Schemel unter /
die Füße.
2 Vom Zion strecke der Herr das Zepter deiner Macht aus:
»Herrsche inmitten deiner Feinde!«
3 Dein ist die Herrschaft am Tage deiner Macht
(wenn du erscheinst) in heiligem Schmuck;
ich habe dich gezeugt noch vor dem Morgenstern,
wie den Tau in der Frühe.
4 Der Herr hat geschworen und nie wird's ihn reuen:
»Du bist Priester auf ewig
nach der Ordnung Melchisedeks.«
5 Der Herr steht dir zur Seite;
er zerschmettert Könige am Tage seines Zornes.
6 Er hält Gericht unter den Völkern, er häuft die Toten,
die Häupter zerschmettert er weithin auf Erden.
7 Er trinkt aus dem Bach am Weg;
so kann er (von neuem) das Haupt erheben.

Liebe Brüder und Schwestern!

1. Soeben haben wir einen der bekanntesten Psalmen in der Geschichte des Christentums gehört. Denn der Psalm 110, den uns die Liturgie der Vesper jeden Sonntag vor-

stellt, wird im Neuen Testament wiederholt zitiert. Vor allem die Verse 1 und 4 werden auf Christus bezogen, angesichts der altjüdischen Tradition, die diesen Hymnus vom davidischen Königslied in einen messianischen Psalm umgewandelt hat.

¶ Die Beliebtheit dieses Gebets ist auch auf seine ständige Verwendung in der sonntäglichen Vesper zurückzuführen. Aus diesem Grund war Psalm 110 in der lateinischen Version der Vulgata Gegenstand vieler schöner musikalischer Kompositionen, die die Geschichte der westlichen Kultur gekennzeichnet haben. Gemäß der vom II. Vatikanischen Konzil gewählten Praxis hat die Liturgie im hebräischen Originaltext des Psalms, der im übrigen nur aus 63 Worten besteht, den gewalterfüllten Vers 6 gestrichen. Dieser ahmt die sogenannten »Fluchpsalmen« nach und beschreibt den jüdischen König, wie er in einer Art Militärfeldzug voranschreitet, seine Feinde besiegt und die Nationen richtet. Gott wendet sich an den Herrscher von Jerusalem

2. Wir werden wegen seiner häufigen Verwendung noch andere Male Gelegenheit haben, auf diesen Psalm zurückzukommen. Deshalb bieten wir jetzt von ihm nur einen Überblick.

¶ Wir unterscheiden in dem Psalm zwei Teile. Der erste Teil (vgl. V. 1–3) enthält einen Spruch, mit dem sich Gott an denjenigen wendet, den der Psalmist »mein Herr«

nennt, das heißt an den Herrscher von Jerusalem. Der Spruch verkündet die Inthronisierung von Davids Nachkommen »zur Rechten« Gottes. Denn der Herr wendet sich an ihn mit den Worten: »Setze dich mir zur Rechten« (V. 1). Wahrscheinlich haben wir hier die Erwähnung eines Rituals vor uns, nach dem der Auserwählte zur Rechten der Bundeslade sitzen sollte, damit er vom höchsten König Israels, das heißt vom Herrn, die Herrschergewalt empfängt.

3. Im Hintergrund ahnt man feindliche Kräfte, die jedoch durch eine siegreiche Eroberung gebändigt werden: Die Feinde sind zu Füßen des Herrschers dargestellt, der zwischen ihnen feierlich einherschreitet und das Zepter seiner Macht trägt (vgl. V. 1–2). Das ist sicher der Widerschein einer konkreten politischen Situation, die in der Zeit des Übergangs der Herrschergewalt von einem König auf den anderen durch den Aufstand einiger Untergebener oder durch Eroberungsversuche entstanden war. Aber jetzt weist der Text auf den wesentlichen Hauptunterschied zwischen dem Plan Gottes hin, der durch seinen Erwählten handelt, und den Plänen derer, die ihre Feindschaft und ihren Machtmissbrauch festigen wollen. Es ist also der ewige Kampf zwischen Gut und Böse, der sich in den geschichtlichen Ereignissen abspielt, durch die sich Gott kundtut und zu uns spricht.

4. Der zweite Teil des Psalms enthält hingegen einen priesterlichen Spruch, dessen Hauptperson noch der davidische König ist (vgl. V. 4–7). Die durch einen feierlichen göttlichen Schwur besiegelte Königswürde ist auch mit der priesterlichen Würde verbunden. Die Bezugnahme auf Melchisedek, den König und Priester von Salem, das heißt des alten Jerusalems (vgl. Gen 14), ist vielleicht der Weg, der das besondere Priestertum des Königs neben dem offiziellen levitischen des Tempels von Zion rechtfertigt. Weiter ist bekannt, dass der Brief an die Hebräer genau mit diesem Spruch beginnt: »Du bist Priester auf ewig nach der Ordnung Melchisedeks« (Ps 110,4; Hebr 5,6), um das besondere und vollkommene Priestertum Jesu Christi zu beschreiben.

¶ Wir werden in der Folge Psalm 110 noch eingehender untersuchen und die einzelnen Verse nacheinander genau analisieren.

5. Abschließend wollen wir aber den Eingangsvers des Psalms mit dem göttlichen Spruch wiederholen: »Setze dich mir zur Rechten, und ich lege dir deine Feinde als Schemel unter die Füße.« Und wir tun es mit dem hl. Maximus von Turin (4./5. Jh.), der den Psalm in seinen Pfingstpredigten folgendermaßen kommentiert: »Unserer Gewohnheit nach wird der Ehrenplatz demjenigen angeboten, der es als Sieger nach vollendeter Tat verdient hat, auf ihm zu sitzen. Das gilt auch für den Menschen Jesus Christus, der durch

sein Leiden den Teufel besiegt hat, durch seine Auferstehung die Reiche unter der Erde geöffnet hat und nach vollendetem Unternehmen siegreich in den Himmel aufsteigt, wo er von Gott dem Vater die Einladung vernimmt: ›Setze dich mir zur Rechten.‹ Wir brauchen uns auch nicht zu wundern, wenn der Vater dem Sohn, der von Natur aus eines Wesens mit dem Vater ist, anbietet, den Sitz mit ihm zu teilen … Der Sohn sitzt zur Rechten, weil gemäß dem Evangelium rechts die Schafe stehen werden, links hingegen die Böcke. Es ist also notwendig, dass das erste Lamm den Teil der Schafe besetzt und das unbefleckte Haupt im voraus den Platz einnimmt, der für die unbefleckte Herde bestimmt ist, die ihm folgen wird« (40,2: Scriptores circa Ambrosium, IV, Milano-Roma 1991, S. 195).

¶ *Aus dem Gotteslob des Alten Bundes zitiert das Neue Testament wiederholt Psalm 110. Wegen seiner Deutung auf Christus hin hat er in die Liturgie der Sonntagsvesper Eingang gefunden. Vor allem in zwei Versen spricht Gott darin den Messias an: »Setze dich mir zur Rechten« (V. 1) und »Du bist Priester auf ewig nach der Ordnung Melchisedeks« (V. 4). Im Abendlob blickt die Kirche auf Christus. Er ist König und Erlöser. Als Gottesvolk des Neuen Bundes sind wir sein Eigentum. Allen, die zu ihm gehören, ebnet der vollkommene Priester Jesus Christus den Weg ins Land der Verheißung, des Lichtes und des Friedens.*

Johannes Paul II. am 26. November 2003

Psalm 114

1 Als Israel aus Ägypten auszog,
Jakobs Haus aus dem Volk mit fremder Sprache,
2 da wurde Juda Gottes Heiligtum,
Israel das Gebiet seiner Herrschaft.
3 Das Meer sah es und floh,
der Jordan wich zurück.
4 Die Berge hüpften wie Widder,
die Hügel wie junge Lämmer.
5 Was ist mit dir, Meer, dass du fliehst,
und mit dir, Jordan, dass du zurückweichst?
6 Ihr Berge, was hüpft ihr wie Widder,
und ihr Hügel, wie junge Lämmer?
7 Vor dem Herrn erbebe, du Erde,
vor dem Antlitz des Gottes Jakobs,
8 der den Fels zur Wasserflut wandelt
und Kieselgestein zu quellendem Wasser.

Liebe Brüder und Schwestern!

1. Das freudige und triumphale Lied, das wir soeben vorgetragen haben, ruft Israels Auszug aus der Unterdrückung durch die Ägypter in Erinnerung. Psalm 114 gehört zu der Sammlung, die in der jüdischen Tradition das »ägyptische Hallel« genannt wurde. Es sind die Psalmen 113 bis 118, eine Art Gesangbuch, das vor allem in der jüdischen Pascha-Liturgie Verwendung fand.

Das Christentum hat Psalm 114 mit dieser Charakteristik des Pascha übernommen, ihn aber in der Lesart entschlüsselt, die von der Auferstehung Christi herrührt. Der vom Psalm gerühmte Auszug wird deshalb zu einer anderen, noch radikaleren und universaleren Befreiung. Dante legt in der Göttlichen Komödie diesen Hymnus in der lateinischen Version der Vulgata den Seelen im Fegfeuer in den Mund: »In exitu Israel de Aegypto / sangen alle gemeinsam ...« (Purgatorio II, 46–47). Das heißt, er sieht in dem Psalm das Lied der Erwartung und Hoffnung derer, die nach der Reinigung von allen Sünden auf das letzte Ziel, die Gemeinschaft mit Gott im Paradies, zugehen.

2. Wir folgen jetzt dem thematischen und spirituellen Gedankengang dieses kurzen Gebets. Zu Beginn (vgl. V. 1–2) wird an Israels Auszug aus der ägyptischen Unterdrückung bis zum Eintritt in das verheißene Land erinnert, das Gottes »Heiligtum« ist, das heißt der Ort seiner Gegenwart unter dem Volk. Ja, Land und Volk sind miteinander verschmolzen. Juda und Israel, Worte, mit denen man sowohl das Heilige Land als auch das auserwählte Volk bezeichnete, werden als Sitz der Gegenwart des Herrn und als sein besonderes Eigentum und Erbe betrachtet (vgl. Ex 19,5–6).

¶ Nach dieser theologischen Beschreibung eines der grundlegenden Glaubenselemente des Alten Testaments, das heißt der Verkündigung der großen Taten Gottes für sein Volk, vertieft der Psalmist geistlich und symbolisch ihre wesentlichen Ereignisse.

3. Das Rote Meer vom Auszug aus Ägypten und der Jordan vom Einzug in das Heilige Land werden in Zeugen und Instrumente verwandelt und personifiziert, die an der vom Herrn gewirkten Befreiung teilnehmen (vgl. Ps 114,3.5). ¶ Am Anfang des Auszugs ist die Rede vom Meer, das flieht, um Israel durchziehen zu lassen; und am Ende des Weges in der Wüste, da ist der Jordan, der in seinem Lauf innehält und sein Bett trocken legt, um die Prozession der Kinder Israels durchziehen zu lassen (vgl. Jos 3–4). Im mittleren Teil wird auf die Erfahrung des Sinai Bezug genommen: Jetzt sind es die Berge, die an der großen göttlichen Offenbarung teilhaben, die sich auf ihren Gipfeln ereignet. Wie lebendige Geschöpfe, wie Widder und wie Lämmer hüpfen sie. Mit einer lebhaften Personifikation befragt der Psalmist dann die Berge und die Hügel nach dem Grund ihrer Erschütterung: »Ihr Berge, was hüpft ihr wie Widder, und ihr Hügel, wie junge Lämmer?« (Ps 114,6). Ihre Antwort wird nicht berichtet, sie wird aber dann indirekt mit Hilfe einer an die Erde gerichteten Aufforderung gegeben, »vor dem Herrn« zu erbeben (vgl. V. 7). Die Erschütterung der Berge und der Hügel war also Zeichen des Erbebens bei der Anbetung vor dem Herrn, dem Gott Israels, ein Akt der ruhmvollen Verherrlichung des transzendenten Gottes und Erlösers.

4. Dieses Thema gehört zum letzten Teil von Psalm 114 (vgl. V. 7–8), der ein zusätzliches bedeutsames Ereignis von Israels Durchzug durch die Wüste einleitet: das Ereignis des Wassers, das aus dem Felsen von Meriba sprudelt (vgl. Ex 17,1–7; Num 20,1–13). Gott verwandelt den Felsen in eine Wasserquelle, die zum See wird: Diesem Wunder liegt seine väterliche Sorge für das Volk zugrunde.

¶ Die Geste hat also eine symbolische Bedeutung: Sie ist das Zeichen der heilbringenden Liebe des Herrn, der die Menschheit beim Durchzug durch die Wüste der Geschichte stützt und erneuert.

¶ Der Apostel Paulus hat bekanntlich dieses Bild wieder aufgenommen und liest, ausgehend von einer jüdischen Tradition, der zufolge Israel auf dem Zug durch die Wüste vom Felsen begleitet wurde, das Ereignis unter einem christologischen Aspekt: »Alle tranken den gleichen gottgeschenkten Trank, denn sie tranken aus dem Leben spendenden Felsen, der mit ihnen zog. Und dieser Fels war Christus« (1 Kor 10,4).

5. Auf der gleichen Linie kommentiert ein großer christlicher Lehrer, Origenes, den Auszug des Volkes Israel aus Ägypten und denkt an den neuen Exodus, den die Christen vollbracht haben. Er schreibt: »Glaubt nicht, dass Mose nur damals das Volk aus Ägypten herausgeführt hat. Auch jetzt will der Mose, den wir bei uns haben …, das heißt Gottes Gesetz, aus Ägypten herausführen; wenn du darauf hörst,

wird er dich vom Pharao befreien … Er will nicht, dass du in den dunklen Handlungen des Fleisches stehen bleibst, sondern dass du in die Wüste hinausgehst, dass du an den Ort gelangst, wo es keine zeitlichen Störungen und Schwankungen gibt; er will, dass du zur Ruhe kommst und still wirst … Wenn du diesen Ruheort erreicht hast, dann kannst du dem Herrn opfern, dann kannst du Gottes Gesetz und die Macht der göttlichen Stimme erkennen« (Omelie sull'Esodo, Roma 1981, S. 71–72).

¶ Indem er an das paulinische Bild anknüpft, das den Durchzug durch das Meer in Erinnerung ruft, setzt Origenes seinen Kommentar fort: »Der Apostel nennt das eine Taufe, vollbracht durch Mose in der Wolke und im Meer, damit auch du, der du in Christus, im Wasser und im Heiligen Geist getauft wurdest, weißt, dass dich die Ägypter verfolgen und wieder in ihren Dienst stellen wollen, das heißt in den Dienst der Herrscher dieser Welt und der bösen Geister, deren Sklave du zuvor warst. Sie werden dich gewiss verfolgen, aber du steige in das Wasser hinunter und entrinne, und nachdem du die Flecken der Sünden abgewaschen hast, steige empor als neuer Mensch, bereit, das neue Lied zu singen« (ebd., S. 107).

¶ *Immer wieder entzündet sich Israels Danklied an der Erfahrung seiner Befreiung. Der Auszug aus Ägypten offenbart Gottes mächtige Gegenwart. Eine neue Beziehung entsteht: »Da wurde Juda Gottes Heiligtum« (Ps 114,2). Gott bahnt seinem pilgernden Volk Wege des Heils.*

¶ *In der Wüste labte der Herr die Israeliten mit Wasser aus dem Felsen (vgl. Ps 114,8). Dem Volk des neuen Bundes sprudelt in der Taufe die Quelle der Erlösung. Durch die Sakramente der Kirche gestärkt und erneuert folgen wir Christus, unserem lebensspendenden Fels (vgl. 1 Kor 10,4).*

Johannes Paul II. am 3. Dezember 2003

Psalm 119,105–112

105 Dein Wort ist meinem Fuß eine Leuchte,
ein Licht für meine Pfade.
106 Ich tat einen Schwur und ich will ihn halten:
Ich will deinen gerechten Entscheidungen folgen.
107 Herr, ganz tief bin ich gebeugt.
Durch dein Wort belebe mich!
108 Herr, nimm mein Lobopfer gnädig an
und lehre mich deine Entscheide!
109 Mein Leben ist ständig in Gefahr,
doch ich vergesse nie deine Weisung.
110 Frevler legen mir Schlingen,
aber ich irre nicht ab von deinen Befehlen.
111 Deine Vorschriften sind auf ewig mein Erbteil;
denn sie sind die Freude meines Herzens.
112 Mein Herz ist bereit, dein Gesetz zu erfüllen
bis ans Ende und ewig.

Liebe Brüder und Schwestern!

1. Nach der Unterbrechung wegen meines Aufenthaltes im Aosta-Tal nehmen wir jetzt in dieser Generalaudienz unsere Betrachtungen über die in der Vesperliturgie vorgeschlagenen Psalmen wieder auf. Wir befassen uns heute mit der 14. von 22 Strophen, aus denen sich Psalm 119 zusammensetzt, das herrliche Loblied auf das Gesetz Gottes, Ausdruck seines Willens. Die Anzahl der Strophen

entspricht den Buchstaben des hebräischen Alphabets und bedeutet »Fülle«; jede Strophe besteht aus acht Versen und aus Worten, die mit dem jeweiligen im Alphabet nachfolgenden Buchstaben beginnen.

¶ In unserem Fall ist der hebräische Buchstabe nun der Anfangsbuchstabe der Verse, die wir soeben gehört haben. Diese Strophe wird vom lichtreichen Bild ihres ersten Verses erhellt: »Dein Wort ist meinem Fuß eine Leuchte, ein Licht für meine Pfade« (V. 105). Der Mensch geht oft seinen Lebensweg in Dunkelheit, aber plötzlich wird die Finsternis vom Glanz des Wortes Gottes durchbrochen.

¶ Auch Psalm 19 vergleicht das Gesetz Gottes mit der Sonne, wenn er bekräftigt: »Das Gebot des Herrn ist lauter, es erleuchtet die Augen« (Ps 19,9). Im Buch der Sprichwörter wird noch betont: »Denn eine Leuchte ist das Gebot und die Lehre ein Licht« (Spr 6,23). Und Christus stellt mit demselben Vergleich seine Person als endgültige Offenbarung vor: »Ich bin das Licht der Welt. Wer mir nachfolgt, wird nicht in der Finsternis umhergehen, sondern wird das Licht des Lebens haben« (Joh 8,12).

2. Der Psalmist setzt dann sein Gebet fort, indem er auf die Leiden und Gefahren des Lebens hinweist, das er führen muss und das erhellt und gestützt werden soll: »Herr, ganz tief bin ich gebeugt. Durch dein Wort belebe mich! … Mein Leben ist ständig in Gefahr, doch ich vergesse nie deine Weisung« (Ps 119,107.109).

¶ Die ganze Strophe wird von einem dunklen Faden durchzogen: »Frevler legen mir Schlingen« (V. 110), bekennt der Beter noch, indem er sich eines dem Psalter wohlbekannten Bildes aus dem Bereich der Jagd bedient. Der Gläubige weiß, dass er auf den Wegen der Welt von Gefahren, Mühsal und Verfolgungen umgeben ist; er weiß, dass er immer auf Prüfungen gefasst sein muss. Der Christ seinerseits weiß, dass er jeden Tag sein Kreuz nach Golgota tragen muss (vgl. Lk 9,23).

3. Dennoch bewahrt der Gerechte seine Treue: »Ich tat einen Schwur, und ich will ihn halten: Ich will deinen gerechten Entscheidungen folgen ... Ich vergesse nie deine Weisung ... Ich irre nicht ab von deinen Befehlen« (Ps 119,106.109.110). Ein ruhiges Gewissen ist die Stärke des Gläubigen: Seine Ausdauer im Gehorsam gegenüber den göttlichen Geboten ist die Quelle der Gelassenheit.

¶ Dem entspricht dann die Schlusserklärung: »Deine Vorschriften sind auf ewig mein Erbteil; denn sie sind die Freude meines Herzens« (V. 111). Das ist die wertvollste Wirklichkeit, das »Erbteil«, das der Psalmist »bis ans Ende« (V. 112) mit wachsamer Sorgfalt und glühender Liebe bewahrt: die Weisungen und die Gebote des Herrn. Er will den Willen seines Gottes treu befolgen. Auf diese Weise wird er den Frieden der Seele finden, die dunkle Wirrnis der Prüfungen überwinden können und zur wahren Freude gelangen.

4. Erhellend sind in dieser Hinsicht die Worte des hl. Augustinus, der den Kommentar zu Psalm 119 mit einer Reflexion über das Thema der Freude beginnt, die aus der Befolgung des Gesetzes des Herrn erwächst: »Von Anfang an ermahnt uns dieser große Psalm zur Seligkeit, die jeder Mensch erwartet. Gibt es denn jemand (oder hat es jemand gegeben oder wird es jemand geben), der nicht selig sein will? Wenn es aber so ist, warum gibt es dann Einladungen auf ein Ziel hin, das der menschliche Sinn spontan anstrebt? ... Liegt es vielleicht nicht daran, dass alle die Seligkeit erstreben, aber den meisten die Weise, sie zu erlangen, unbekannt ist? Ja, genau das ist die Lehre dessen, der mahnt: Selig die Makellosen auf dem Weg, die im Gesetz des Herrn wandeln.

¶ Als wollte man sagen: Ich weiß, was du willst; du suchst die Seligkeit: willst du also selig sein, so sei makellos. Das erste suchen alle, wenige sorgen sich aber um das andere: ohne welches man aber das, was allgemeines Bestreben ist, nicht erlangen kann. Wo wird man dann makellos sein, wenn nicht auf dem Weg? Dieser ist nichts anderes als das Gesetz des Herrn. Selig deshalb diejenigen, die auf dem Weg ohne Makel sind, die im Gesetz des Herrn wandeln! Keine überflüssige, sondern eine notwendige Mahnung an unseren Geist« (Esposizioni sui Salmi, III, Roma, 1076, S. 1113).

Machen wir uns die Schlussfolgerung des großen Bischofs von Hippo zu eigen, der die ständige Aktualität der Seligkeit hervorhebt, die denen verheißen ist, die sich bemühen, den Willen Gottes treu zu befolgen.

¶ *»Herr, dein Wort ist meinem Fuß eine Leuchte« (Psalm 119,105). In den Dunkelheiten irdischer Wege ist das Wort Gottes ein Licht, das nicht trügt und nicht erlischt. »Ein Licht für seine Pfade« braucht der Mensch, denn oft genug trüben Leiden und Zweifel seinen Blick. In Gottes Verheißungen finden wir Führung und Sicherheit.*

¶ *Die Weisung Gottes verlangt Gehorsam auf Seiten des Menschen. Die Gebote des Herrn sind ein kostbares Erbe. Sie zu beachten schafft Freude und Zukunft. Die Kraft dazu verleiht uns Gott selbst. In Jesus Christus zeigt er uns den Weg, um die Prüfungen des Lebens zu überstehen und zur wahren Freude zu gelangen.*

Johannes Paul II. am 21. Juli 2004

Psalm 124,1–6.8

1 [Ein Wallfahrtslied Davids.]
Hätte sich nicht der Herr für uns eingesetzt
– so soll Israel sagen –,
2 hätte sich nicht der Herr für uns eingesetzt,
als sich gegen uns Menschen erhoben,
3 dann hätten sie uns lebendig verschlungen,
als gegen uns ihr Zorn entbrannt war.
4 Dann hätten die Wasser uns weggespült,
hätte sich über uns ein Wildbach ergossen.
5 Dann hätten sich über uns die Wasser ergossen,
die wilden und wogenden Wasser.
6 Gelobt sei der Herr,
der uns nicht ihren Zähnen als Beute überließ.
8 Unsre Hilfe steht im Namen des Herrn,
der Himmel und Erde gemacht hat.

Liebe Brüder und Schwestern!

1. Vor uns haben wir Psalm 124, ein Danklied, das von der ganzen betenden Gemeinde angestimmt wird, um Gott für das Geschenk der Befreiung zu preisen. Der Psalmist fordert zu Beginn auf: »So soll Israel sagen« (V. 1), und er spornt das ganze Volk an, dem Gott und Retter lebhaft und aufrichtig Dank zu sagen. Wenn der Herr sich nicht auf die Seite der Opfer gestellt hätte, wären diese mit ihren beschränkten Kräften unfähig gewesen, sich zu

befreien, und die Feinde, die Ungeheuern ähneln, hätten sie gequält und zermalmt.

¶ Auch wenn man zunächst an ein besonderes geschichtliches Ereignis wie das Ende der Babylonischen Gefangenschaft gedacht hat, ist es wahrscheinlicher, dass der Psalm ein Lied sein soll, mit dem man dem Herrn für die überstandenen Gefahren danken und ihn um die Befreiung von jedem Übel bitten will. In diesem Sinn ist der Psalm immer noch aktuell.

2. Nach dem anfänglichen Hinweis auf gewisse »Menschen«, die die Gläubigen bedrängten und imstande gewesen wären, sie »lebendig zu verschlingen« (vgl. V. 2–3), folgen zwei Abschnitte des Liedes. Im ersten Teil herrschen die Wasserfluten vor, für die Bibel das Symbol des zerstörerischen Chaos, des Bösen und des Todes: »Dann hätten die Wasser uns weggespült, hätte sich über uns ein Wildbach ergossen. Dann hätten sich über uns die Wasser ergossen, die wilden und wogenden Wasser« (V. 4–5). Der Beter hat jetzt das Gefühl, an einem Strand zu sein, wie durch ein Wunder gerettet vor der wilden Flut des Meeres. Das Leben des Menschen ist von Feinden umringt, die ihm auflauern und ihm nicht nur nach dem Leben trachten, sondern auch alle menschlichen Werte zerstören wollen. Wir sehen, dass auch heutzutage diese Gefahren bestehen. Aber der Herr erhebt sich – dessen können wir auch heute sicher sein – zum Schutz des Gerechten und

rettet ihn, wie es in Psalm 18 heißt: »Er griff aus der Höhe herab und fasste mich, zog mich heraus aus gewaltigen Wassern. Er entriss mich meinen mächtigen Feinden, die stärker waren als ich und mich hassten … Er führte mich hinaus ins Weite, er befreite mich, denn er hatte an mir Gefallen« (Ps 18,17–20). Der Herr hat wirklich an uns Gefallen. Das ist unsere Sicherheit und der Grund unseres großen Vertrauens.

3. Im zweiten Teil unseres Dankliedes geht man vom maritimen Bild zu einer Jagdszene über, die für viele Bittpsalmen typisch ist (vgl. Ps 124,6–8). Denn hier findet sich der Hinweis auf ein wildes Tier, das eine Beute zwischen seinen Zähnen hat, oder auf ein Netz des Jägers, das einen Vogel fängt. Aber der im Psalm ausgesprochene Segen gibt uns zu verstehen, dass die Bestimmung der Gläubigen, die der Tod war, radikal umgekehrt wurde durch ein heilbringendes Eingreifen: »Gelobt sei der Herr, der uns nicht ihren Zähnen als Beute überließ. Unsere Seele ist wie ein Vogel dem Netz des Jägers entkommen; das Netz ist zerrissen, und wir sind frei« (V. 6–7).

¶ Das Gebet wird hier zum Seufzer der Erleichterung, der aus dem Innersten der Seele aufsteigt. Auch wenn alle menschlichen Hoffnungen zerstört werden, kann die befreiende göttliche Macht noch erscheinen. Der Psalm kann man also mit einem Bekenntnis des Glaubens schließen, das seit Jahrhunderten in der christlichen Liturgie Eingang gefunden hat als ideale Einleitung zu allen unseren Gebeten: »Adiutorium nostrum in nomine Domini, qui fecit caelum et terram – Unsere Hilfe steht im Namen des Herrn, der Himmel und Erde gemacht hat« (V. 8). Der Allmächtige stellt sich besonders auf die Seite der Opfer und der Verfolgten, »die Tag und Nacht zu ihm schreien«, und »er wird ihnen unverzüglich Recht verschaffen« (vgl. Lk 18,7–8).

4. Der hl. Augustinus gibt zu diesem Psalm einen ausführlichen Kommentar. Zunächst merkt er an, dass dieser Psalm in angemessener Weise von den »Gliedern Christi, die das Glück erlangt haben«, gesungen wird. Insbesondere »haben ihn die heiligen Märtyrer gesungen, die diese Welt verlassen haben und mit Christus in die Herrlichkeit eingegangen sind, bereit, die unvergänglichen Leiber, die zuvor vergänglich waren, anzunehmen. In ihrem Erdenleben erlitten sie Qualen am Körper, aber in der Ewigkeit verwandeln sich diese Qualen in eine Zierde der Gerechtigkeit«. Augustinus spricht von den Märtyrern aller Zeiten, auch unseres Jahrhunderts.

¶ In einem zweiten Teil sagt uns der Bischof von Hippo jedoch, dass nicht nur die Seligen im Himmel, sondern auch wir diesen Psalm voll Hoffnung singen können. Er erklärt: »Auch wir sind von sicherer Hoffnung beseelt und singen jubelnd. Denn die Sänger dieses Psalms sind uns nicht fremd … Deshalb singen wir alle in Einheit der Herzen. Die Heiligen besitzen schon die Krone; wir vereinen uns in Liebe und hoffen auf ihre Krone. Gemeinsam ersehnen wir das Leben, das wir hier unten nicht haben können und das wir nie haben können, wenn wir es nicht zuvor ersehnen.«

¶ Augustinus kehrt dann zum ersten Ausblick zurück und erklärt: »Die Heiligen erinnern sich der Leiden, die sie ertragen haben, und vom Ort der Seligkeit und Ruhe, wo sie jetzt sind, schauen sie auf den Weg, den sie zurücklegen mussten, um dorthin zu kommen; und weil es schwierig gewesen wäre, die Befreiung zu erlangen, wenn ihnen nicht die Hand des Befreiers zu Hilfe gekommen wäre, rufen sie voll Freude: ›Hätte sich nicht der Herr für uns eingesetzt.‹ So beginnt ihr Lied. Sie erwähnen nicht einmal, wem sie entronnen sind, so groß ist ihr Jubel« (Esposizione sul Salmo 123,3: Nuova Biblioteca Agostiniana, XXVIII, Rom 1977, S. 65).

¶ *Das rettende Eingreifen Gottes in Situationen der Bedrängnis ist eine Grunderfahrung des alttestamentlichen Gottesvolkes. Psalm 124, der uns zu Beginn dieser Audienz zu Gehör gebracht wurde, lädt dazu ein, in der Gesinnung froher Danksagung die Errettung durch Gott zu besingen: »Hätte sich nicht der Herr für uns eingesetzt … – so soll Israel sagen«. In der Bedrängnis, die der Psalmist in den Bildern der Wasserfluten und der Jagd beschreibt, erweist sich der Herr als Retter aus der Not.*

¶ *Diese Erfahrung Israels teilt das Gottesvolk des neuen Bundes. Der Christ weiß: Gott steht auf der Seite der Be-*

drängten, Verfolgten und Unterdrückten, die Tag und Nacht zu ihm rufen (vgl. Lk 18,7). Gerade wo menschliche Hoffnungen zerbrechen, wird die Größe seiner erlösenden Macht sichtbar. Die Antwort darauf ist das Bekenntnis des Psalmisten, das in die Liturgie Eingang gefunden hat: »Unsere Hilfe ist im Namen des Herrn, der Himmel und Erde erschaffen hat«.

BENEDIKT XVI. AM 22. JUNI 2005

Psalm 145,1–13

1 [Ein Loblied Davids.]
Ich will dich rühmen, mein Gott und König,
und deinen Namen preisen immer und ewig;
2 ich will dich preisen Tag für Tag
und deinen Namen loben immer und ewig.
3 Groß ist der Herr und hoch zu loben,
seine Größe ist unerforschlich.
4 Ein Geschlecht verkünde dem andern den Ruhm /
deiner Werke
und erzähle von deinen gewaltigen Taten.
5 Sie sollen vom herrlichen Glanz deiner Hoheit reden;
ich will deine Wunder besingen.
6 Sie sollen sprechen von der Gewalt
deiner erschreckenden Taten;
ich will von deinen großen Taten berichten.
7 Sie sollen die Erinnerung an deine große Güte wecken
und über deine Gerechtigkeit jubeln.
8 Der Herr ist gnädig und barmherzig,
langmütig und reich an Gnade.
9 Der Herr ist gütig zu allen,
sein Erbarmen waltet über all seinen Werken.
10 Danken sollen dir, Herr, all deine Werke
und deine Frommen dich preisen.
11 Sie sollen von der Herrlichkeit deines Königtums /
reden,
sollen sprechen von deiner Macht,

12 den Menschen deine machtvollen Taten verkünden
und den herrlichen Glanz deines Königtums.
13 Dein Königtum ist ein Königtum für ewige Zeiten,
deine Herrschaft währt von Geschlecht zu /
Geschlecht.
[Der Herr ist treu in all seinen Worten,
voll Huld in all seinen Taten]

Liebe Brüder und Schwestern!

1. Soeben haben wir Psalm 145 zu unserem Gebet gemacht, ein freudiges Lob auf den Herrn, der als liebevoller und milder Herrscher gepriesen wird, der sich um alle seine Geschöpfe kümmert. Die Liturgie legt uns diesen Hymnus in zwei verschiedenen Momenten vor, die auch den beiden poetischen und spirituellen Sätzen des Psalms selbst entsprechen. Wir verweilen jetzt beim ersten Teil, der den Versen 1–13 entspricht.

¶ Der Psalm steigt zum Herrn auf, der als »König« angerufen und beschrieben wird (vgl. Ps 145,1), eine Darstellung Gottes, die auch in anderen Psalmhymnen vorherrscht (vgl. Ps 47; 93; 96–99). Ja, den geistigen Mittelpunkt unseres Gesanges bildet gerade eine bedeutungsvolle, leidenschaftliche Verherrlichung der göttlichen Königswürde. Darin wird viermal – gleichsam als Hinweis auf die vier Dimensionen des Seins und der Geschichte – das hebräische Wort »malkut«, »Königtum«, wiederholt (vgl. Ps 145,11–13).

¶ Wir wissen, dass diese Königssymbolik, die auch in der Verkündigung Christi eine zentrale Stellung einnehmen wird, Ausdruck des Heilsplanes Gottes ist: Er steht der menschlichen Geschichte nicht gleichgültig gegenüber, sondern hat ihr gegenüber vielmehr den Wunsch, einen Plan der Eintracht und des Friedens zu verwirklichen. Zur Erfüllung dieses Planes ist auch die ganze Menschheit aufgerufen, dem göttlichen Heilswillen nachzukommen, einem Willen, der sich auf »alle Menschen«, auf »alle Geschlechter« und auf »ewige Zeiten« erstreckt. Es ist ein universales Tun, das das Böse aus der Welt wegnimmt und in ihr die »Herrlichkeit« des Herrn errichtet, das heißt seine wirksame und transzendente persönliche Gegenwart.

2. Auf diese Herzmitte des Psalms, die genau im Zentrum des Textes steht, richtet sich das Lobgebet des Psalmisten, der sich zur Stimme aller Gläubigen macht und der heute die Stimme von uns allen sein möchte. Das erhabenste biblische Gebet ist in der Tat die Verherrlichung der Heilswerke, die die Liebe des Herrn zu seinen Geschöpfen kundtun. Unablässig wird in diesem Psalm »der Name« Gottes, das heißt seine Person, gepriesen (vgl. V. 1–2), die sich in ihrem Handeln in der Geschichte offenbart: Da ist die Rede von »Werken«, »gewaltigen Taten«, »Wundern«, »Macht«, »Größe«, »Gerechtigkeit«, »Langmut«, »Barmherzigkeit«, »Gnade«, »Güte« und »Erbarmen«.

¶ Es ist ein litaneiartiges Gebet, das den Eintritt Gottes in die Wechselfälle des menschlichen Lebens verkündet, um die gesamte geschaffene Wirklichkeit zur Heilsfülle zu führen. Wir sind weder finsteren Mächten ausgeliefert, noch werden wir mit unserer Freiheit allein gelassen, sondern wir sind dem Handeln des mächtigen und liebenden Herrn anvertraut, der uns gegenüber einen Plan hat, ein »Reich« errichten will (vgl. V. 11).

3. Dieses »Reich« besteht nicht aus Macht und Herrschaft, Triumph und Unterdrückung, wie es leider häufig auf die irdischen Reiche zutrifft, sondern es ist der Ort eines Offenbarwerdens von Mitleid, Zärtlichkeit, Güte, Gnade, Gerechtigkeit, wie es im Fluss der Verse, die das Lob beinhalten, mehrmals bestätigt wird.

¶ Die Zusammenfassung dieses Gottesbildes enthält Vers 8: Der Herr ist »langmütig und reich an Gnade«. Diese Worte erinnern an die Selbstoffenbarung Gottes auf dem Sinai: »Jahwe ist ein barmherziger und gnädiger Gott, langmütig, reich an Huld und Treue« (Ex 34,6). Wir haben es hier mit einer Vorbereitung des Glaubensbekenntnisses an Gott durch den hl. Johannes zu tun, den Apostel, der uns einfach sagt, dass Gott die Liebe ist: »Deus caritas est« (vgl. 1 Joh 4,8.16).

4. Außer auf diese schönen Worte, die uns einen Gott zeigen, der »gnädig und barmherzig, langmütig und reich

an Gnade« ist, immer bereit, zu verzeihen und zu helfen, richtet sich unsere Aufmerksamkeit auch auf den wunderschönen Vers 9: »Der Herr ist gütig zu allen, sein Erbarmen waltet über allen seinen Werken«. Ein Wort, über das man nachdenken muss, ein Wort des Trostes, eine Gewissheit, die Er in unser Leben bringt. Dazu schreibt der hl. Petrus Chrysologus (ca. 380 bis ca. 450) in seiner zweiten Predigt über das Fasten: »,Groß sind die Werke des Herrn‹: aber diese Größe, die wir in der Großartigkeit der Schöpfung sehen, diese Macht wird von der Größe des Erbarmens übertroffen. Denn nachdem der Prophet gesagt hatte: ›Groß sind die Werke des Herrn‹, fügte er an einer anderen Stelle hinzu: ›Sein Erbarmen ist größer als alle seine Werke‹. Das Erbarmen, Brüder, erfüllt den Himmel, erfüllt die Erde ... Deshalb wies das großartige, großzügige, einzigartige Erbarmen Christi, der für das ganze Gericht einen einzigen Tag vorbehalten hat, die ganze Zeit des Menschen der Waffenruhe der Buße zu ... Deshalb stürzte sich der Prophet, der kein Vertrauen in die eigene Gerechtigkeit hatte, ganz auf das Erbarmen: ›Gott, sei mir gnädig nach deiner Huld‹ (Ps 51,3)« (42,4–5: Sermoni 1–62bis, Scrittori dell'Area Santambrosiana, 1, Mailand/Rom 1996, S. 299.301).

¶ Und so sagen auch wir zum Herrn: »Gott sei mir gnädig, der du groß bist in deinem Erbarmen«.

¶ *Gottes Eingreifen in die Geschichte gehört zu den großen Glaubenserfahrungen des alttestamentlichen Volkes Israel.*

Diese Überzeugung liegt auch dem Psalm 145 zugrunde, den wir zu Beginn vernommen haben. Der Psalmist preist die göttliche Königsherrschaft: Ja, Gott ist König. Er regiert ein Reich der Eintracht und des Friedens und ruft alle Menschen auf, seinem neuschaffenden Heilswillen Folge zu leisten.

¶ *Die höchste Antwort auf die Liebe des Schöpfers ist der freudige Lobpreis des Beters. Dankbar verkündet er seinen Kindern, dass die Königsherrschaft Gottes den Menschen nicht überwältigt, sondern ein Erweis seiner Gnade, seiner Sanftmut und seiner Güte ist. »Sein Erbarmen waltet über all seinen Werken« sagt der Psalmist (V. 9). Diese Barmherzigkeit offenbart sich in Jesus Christus. Mehr als alle großen Werke beeindruckt und berührt das göttliche Erbarmen das Herz des Menschen, den es von innen zu erneuern vermag.*

Benedikt XVI. am 1. Februar 2006

Psalm 147,12–20

12 Jerusalem, preise den Herrn,
lobsinge, Zion, deinem Gott!
13 Denn er hat die Riegel deiner Tore fest gemacht,
die Kinder in deiner Mitte gesegnet;
14 er verschafft deinen Grenzen Frieden
und sättigt dich mit bestem Weizen.
15 Er sendet sein Wort zur Erde,
rasch eilt sein Befehl dahin.
16 Er spendet Schnee wie Wolle,
streut den Reif aus wie Asche.
17 Eis wirft er herab in Brocken,
vor seiner Kälte erstarren die Wasser.
18 Er sendet sein Wort aus und sie schmelzen,
er lässt den Wind wehen, dann rieseln die Wasser.
19 Er verkündet Jakob sein Wort,
Israel seine Gesetze und Rechte.
20 An keinem andern Volk hat er so gehandelt,
keinem sonst seine Rechte verkündet. Halleluja!

Liebe Brüder und Schwestern!

1. Der Psalm, der uns soeben zur Meditation vorgeschlagen wurde, ist der zweite Teil des vorhergehenden Psalms 146. Die alten lateinischen und griechischen Übersetzungen, auf die sich die Liturgie bezieht, haben ihn hingegen als einen eigenständigen Gesang betrachtet, denn sein Be-

ginn unterscheidet ihn ganz eindeutig vom vorigen Abschnitt. Der Anfang ist berühmt geworden, auch weil er oft auf lateinisch vertont wurde: »Lauda, Jerusalem, Dominum.« Diese einleitenden Worte sind die typische Einladung jener Psalmenhymnen, in denen ein Lobpreis auf den Herrn angestimmt wird: Jetzt wird Jerusalem – als Personifizierung des Volkes – aufgefordert, seinen Gott zu preisen und ihm zu lobsingen (vgl. V. 12).

¶ Sofort wird der Grund erwähnt, weswegen die betende Gemeinschaft ihr Lob zum Herrn erheben soll. Dieser Grund ergibt sich aus der Geschichte: Er, der Israel aus dem babylonischen Exil befreite, schenkte seinem Volk Sicherheit, indem er »die Riegel der Tore [der Stadt] festmachte« (vgl. V. 13).

¶ Als Jerusalem unter dem Angriff der Heerscharen König Nebukadnezzars im Jahr 586 v. Chr. zerstört worden war, hatte das Buch der Klagelieder Gott selbst als Richter über die Sünden Israels dargestellt, wie er »die Mauer der Tochter Zion [schleifte …] In den Boden sanken ihre Tore, ihre Riegel hat er zerstört und zerbrochen« (Klgl 2,8.9). Nun hingegen ist der Herr erneut der Erbauer der heiligen Stadt; im wiederaufgebauten Tempel segnet er aufs neue seine Kinder. So findet das Werk Nehemias Erwähnung (vgl. Neh 3,1–38), der die Mauern Jerusalems wiederaufrichtete, damit die Stadt erneut zu einer Oase der Ruhe und des Friedens werde.

2. Der Friede, »shalom«, kommt einem in der Tat sofort in den Sinn, auch weil er symbolisch im Namen Jerusalems enthalten ist. Schon der Prophet Jesaja hatte der Stadt verheißen: »Ich setze den Frieden als Aufsicht für dich ein und die Gerechtigkeit als deinen Vogt« (Jes 60,17).

¶ Aber Gott bewirkt nicht nur den Wiederaufbau der Stadtmauern, die er segnet und in Sicherheit befriedet: Er gewährt Israel auch andere wichtige Gaben. Dies wird im letzten Abschnitt des Psalms beschrieben, wo an die Geschenke der Offenbarung, des Gesetzes und der göttlichen Gebote erinnert wird: »Er verkündet Jakob sein Wort, Israel seine Gesetze und Rechte« (Ps 147,19).

¶ So wird die Erwählung Israels und sein einzigartiger Auftrag unter den Völkern gefeiert, nämlich der Welt das Wort Gottes zu verkünden. Es ist ein prophetischer und priesterlicher Auftrag, denn »welche große Nation besäße Gesetze und Rechtsvorschriften, die so gerecht sind wie alles in dieser Weisung, die ich euch heute vorlege?« (Dtn 4,8). Durch Israel – und somit auch durch die christliche Gemeinschaft, das heißt die Kirche – kann das Wort Gottes in der Welt ertönen und Norm und Lebenslicht für alle Völker werden (vgl. Ps 147,20).

3. Wir haben nun den ersten Grund für das Lob, das zum Herrn erhoben werden soll, aufgezeigt: Es hat eine historische Begründung, denn es ist mit dem befreienden und

offenbarenden Wirken Gottes gegenüber seinem Volk verknüpft.

¶ Es gibt aber einen weiteren Grund zum Jubel und Lobpreis: Er ist kosmischer Natur, weil er verbunden ist mit dem schöpferischen Wirken Gottes. Das Gotteswort bricht ein, um allem Seienden Leben zu verleihen. Wie ein Bote läuft es rasch durch die riesigen Weiten der Erde (vgl. Ps 147,15). Und sofort geschehen überall Wunderwerke.

¶ Dort kommt der Winter, dessen atmosphärische Phänomene in poetischem Stil dargestellt werden: Der Schnee ist wie Wolle in seiner Reinheit, der Reif mit seinen kleinen Körnern wie Asche aus der Wüste (vgl. V. 16), der Hagel ähnelt auf den Boden geworfenen Brotkrumen, der Frost lässt die Erde erstarren und die Vegetation stillstehen (vgl. V. 17). Es ist ein winterliches Bild, das uns einlädt, die Wunder der Schöpfung zu entdecken, und das in einem sehr malerischen Bild eines weiteren Buchs der Bibel wieder aufgenommen wird (vgl. Sir 43,18–20).

4. Aber schon tritt – ebenfalls durch das Wirken des Gotteswortes – erneut der Frühling in Erscheinung. Das Eis schmilzt; es weht ein warmer Wind, der die Wasser rieseln lässt (vgl. Ps 147,18). Es wiederholt sich der ewige Zyklus der Jahreszeiten, also auch die Lebensmöglichkeit für Männer und Frauen.

¶ Selbstverständlich hat es an metaphorischen Deutungen dieser Gaben Gottes nicht gefehlt. Der »beste Weizen« ließ an das große Geschenk des eucharistischen Brotes denken. Origenes, der große christliche Schriftsteller des dritten Jahrhunderts, erkannte in jenem Weizen sogar das Zeichen für Christus selbst und insbesondere für die Heilige Schrift.

¶ Dies ist sein Kommentar: »Unser Herr ist das Weizenkorn, das zu Boden fiel und sich für uns vermehrte. Dieses Weizenkorn ist aber von einzigartiger Fülle [...] Das Wort Gottes ist von einzigartiger Fülle, es enthält alle Wonnen. Alles, was du ersehnst, kommt vom Wort Gottes, so wie es die Juden berichten: Wenn sie das Manna aßen, nahm es in ihrem Mund den Geschmack an, den sich jeder von ihnen wünschte [...] So ist es auch für das Fleisch Christi, das das Wort der Lehre, also das Verständnis der Heiligen Schrift, ist: Je größer unser Wunsch danach ist, desto größer wird auch die Nahrung, die wir dadurch erhalten. Wenn du heilig bist, findest du Erquickung; bist du Sünder, findest du Qual« (vgl. Origenes-Hieronymus, 74 Homilien über das Buch der Psalmen).

5. Der Herr wirkt demnach mit seinem Wort nicht nur in der Schöpfung, sondern auch in der Geschichte. Er offenbart sich durch die stille Sprache der Natur (vgl. Ps 18,2–7), äußert sich aber klar und deutlich durch die Bibel und seine persönliche Kommunikation mit den Propheten sowie in ganzer Fülle im Sohn (vgl. Hebr 1,1–2). Es sind zwei unterschiedliche, aber einander ergänzende Geschenke seiner Liebe.

Deshalb soll jeden Tag unser Lob zum Himmel aufsteigen. Es ist unser Dankeschön, das morgens im Gebet der Laudes beginnt, um den Herrn des Lebens und der Freiheit, des Daseins und des Glaubens, der Schöpfung und der Erlösung zu preisen.

¶ *Gott gibt den Menschen, was sie brauchen. Seine Gebote führen sie zum Licht und zum Heil. Das Gesetz des Herrn umgreift alles Sein. Es stiftet Festigkeit und Frieden.*

¶ *Die Kirche ist gesandt, Gottes Wort der Welt zu verkünden. Sein Auftrag ist ihr eine heilige Norm. In der Erfüllung dieses Dienstes trägt sie reiche Frucht. Allen Völkern der Erde wird die Botschaft zuteil. Sie vereinen sich im Lobpreis des Herrn: »Er sättigt dich mit bestem Weizen« (Ps 147,14).*

Johannes Paul II. am 20. August 2003

Gott
der die Treue hält

Psalm 116,10–19

10 Voll Vertrauen war ich, auch wenn ich sagte:
Ich bin so tief gebeugt.
11 In meiner Bestürzung sagte ich:
Die Menschen lügen alle.
12 Wie kann ich dem Herrn all das vergelten,
was er mir Gutes getan hat?
13 Ich will den Kelch des Heils erheben
und anrufen den Namen des Herrn.
14 Ich will dem Herrn meine Gelübde erfüllen
offen vor seinem ganzen Volk.
15 Kostbar ist in den Augen des Herrn
das Sterben seiner Frommen.
16 Ach Herr, ich bin doch dein Knecht,
dein Knecht bin ich, der Sohn deiner Magd.
Du hast meine Fesseln gelöst.
17 Ich will dir ein Opfer des Dankes bringen
und anrufen den Namen des Herrn.
18 Ich will dem Herrn meine Gelübde erfüllen
offen vor seinem ganzen Volk,
19 in den Vorhöfen am Haus des Herrn,
in deiner Mitte, Jerusalem.
Halleluja!

Liebe Brüder und Schwestern!

1. Der Psalm 116, den wir soeben gebetet haben, war in der christlichen Tradition immer gebräuchlich, beginnend mit dem hl. Paulus, der den Anfang des Psalms in der griechischen Übersetzung der Septuaginta zitiert hat, als er an die Christen in Korinth schrieb: »Doch haben wir den gleichen Geist des Glaubens, von dem es in der Schrift heißt: Ich habe geglaubt, darum habe ich geredet. Auch wir glauben, und darum reden wir« (2 Kor 4,13).

¶ Der Apostel fühlt sich mit dem Psalmisten geistlich verbunden im gelassenen Vertrauen und im aufrichtigen Zeugnis, trotz der Leiden und der menschlichen Schwächen. Als er an die Römer schreibt, greift er den zweiten Vers dieses Psalms auf und schildert den Gegensatz zwischen Gott, der treu ist, und dem Menschen, der inkohärent ist: »Gott soll sich als der Wahrhaftige erweisen, jeder Mensch aber als Lügner« (Röm 3,4).

¶ Die christliche Tradition hat den Text in unterschiedlichem Kontext gelesen, meditiert und ausgelegt, und so ist der ganze Reichtum und die ganze Tiefe des Wortes Gottes zutage getreten, das neue Dimensionen und neue Situationen eröffnet. Anfangs wurde er zunächst als ein Text des Martyriums gelesen, aber später, als die Kirche im Frieden lebte, wurde er immer mehr zu einem eucharistischen Text aufgrund des Wortes vom »Kelch des Heiles«. In Wirklichkeit ist Christus der erste Märtyrer. Er hat sein Leben in einem Kontext von Hass und Lüge hingegeben, hat aber dieses Leiden und damit auch diesen Kontext in Eucharistie verwandelt, in ein Fest des Dankes. Denn Eucharistie ist Danksagung: »Ich will den Kelch des Heils erheben.«

2. Der Psalm 116 bildet im hebräischen Original mit dem vorhergehenden Psalm 115 eine Einheit. Beide sind ein einziger Dank an den Herrn, der vom Alptraum des Todes, von den Verstrickungen des Hasses und der Lüge befreit. In unserem Text taucht die Erinnerung an eine bedrückende Vergangenheit auf: Der Beter hat die Fackel des Glaubens hochgehalten, auch als bittere Worte der Verzweiflung und Erniedrigung über seine Lippen kamen (vgl. Ps 116,10). Denn um ihn erhob sich gleichsam eine eisige Mauer des Hasses und der Lüge, da sich der Nächste als falsch und untreu erwiesen hatte (vgl. V. 11). Aber das Gebet verwandelt sich jetzt in Dankbarkeit, weil der Herr in diesem Kontext der Untreue treu geblieben ist und den Gläubigen aus der dunklen Spirale der Lüge befreit hat (vgl. V. 12).

¶ Der Beter schickt sich deshalb an, ein Dankopfer darzubringen, bei dem er den rituellen Kelch, den Kelch des heiligen Trankopfers, trinkt, der Zeichen der Dankbarkeit für die Befreiung ist (vgl. V. 13) und der seine letzte Vollendung im Kelch des Herrn findet. Die Liturgie ist deshalb der bevorzugte Ort, an dem wir Gott, den Retter, dankbar lobpreisen.

3. In der Tat wird nicht nur auf den Opferritus, sondern ausdrücklich auf die Versammlung des »ganzen Volkes« hingewiesen, vor dem der Beter das Gelübde erfüllt und seinen Glauben bezeugt (vgl. V. 14). Bei dieser Gelegenheit zeigt er öffentlich seine Dankbarkeit, weil er weiß, dass der Herr sich liebevoll zu ihm herabneigt, wenn der Tod bevorsteht. Gott bleibt angesichts des Schicksals seines Geschöpfes nicht gleichgültig, sondern löst seine Fesseln (vgl. V. 16).

¶ Der vom Tod errettete Beter fühlt sich als »Knecht« seines Herrn, »als Sohn seiner Magd« (ebd.), wie es in einer schönen orientalischen Redewendung heißt, mit der diejenigen bezeichnet werden, die im selben Haus wie ihr Herr geboren wurden. Der Psalmist bekennt demütig und voll Freude seine Zugehörigkeit zum Haus Gottes, zur Familie der Geschöpfe, die mit ihm in Liebe und Treue verbunden sind.

4. Der Psalm endet wieder mit den Worten des Betenden, wobei er noch einmal an das Dankopfer erinnert, das im Rahmen des Tempels gefeiert werden soll (vgl. V. 17–19). Sein Gebet wird so in den Rahmen der Gemeinschaft gestellt. Sein persönliches Schicksal wird erzählt, damit es alle anregt, an den Herrn zu glauben und ihn zu lieben. Im Hintergrund können wir deshalb das ganze Volk Gottes erblicken, das dem Herrn des Lebens dankt, der den Gerechten nicht der Dunkelheit des Leidens und des Todes

überlässt, sondern ihn zur Hoffnung und zum Leben führt.

5. Wir beenden unsere Reflexion, indem wir uns den Worten des hl. Basilius des Großen anvertrauen, der in der Homilie über Psalm 116 die in ihm enthaltene Frage und Antwort so kommentiert: »›Wie kann ich dem Herrn all das vergelten, was er mir Gutes getan hat? Ich will den Kelch des Heils erheben …‹ Der Psalmist hat die vielen von Gott empfangenen Gaben erkannt: Er ist vom Nichtsein ins Sein gerufen worden; er ist aus der Erde geformt und mit Vernunft begabt; … er hat dann den Heilsplan für das Menschengeschlecht erfasst, als er erkannte, dass der Herr sich selbst zur Sühne an unser aller Statt geopfert hat; er ist unsicher und sucht in allem, was ihm gehört, etwas zu finden, das des Herrn würdig sein kann. ›Was kann ich also dem Herrn geben?‹ Weder Speise- noch Brandopfer, sondern mein ganzes Leben. Deshalb sagt er: ›Ich will den Kelch des Heils erheben‹, wobei er das Leiden im geistlichen Kampf und den Widerstand gegen die Sünde bis zum Tod als den Kelch bezeichnet. Was übrigens auch unser Erlöser im Evangelium gelehrt hat: ›Vater, willst du, so nimm diesen Kelch von mir‹; und an seine Jünger gewandt: ›Könnt ihr den Kelch trinken, den ich trinke?‹, womit er eindeutig auf den Tod hinwies, den er für das Heil der Welt auf sich genommen hat« (PG XXX, 109), so dass er die Welt der Sünde in eine erlöste Welt verwandelte, in eine

Welt des Dankes für das Leben, das der Herr uns geschenkt hat.

¶ *Die Inkohärenz des Menschen steht in eklatantem Kontrast zur Treue und Wahrhaftigkeit Gottes. Vor dem Hintergrund dieser elementaren Erfahrung erklingt das Danklied in Psalm 116: »Die Menschen lügen alle. – Wie kann ich dem Herr all das vergelten, was er mir Gutes getan hat?« (V. 11–12). Die Antwort des Beters ist umfassend: Er will den »Kelch des Heils erheben«, den »Namen des Herrn anrufen« und Ihm seine »Gelübde erfüllen«. Solcher Vorsatz verbindet Liturgie und Leben. Nach einem Wort des hl. Basilius des Großen steht der »Kelch des Heils«, der uns Christen auf den eucharistischen Segenskelch des Neuen Bundes verweist, für die Hingabe des Lebens an Gott. Was wir im großen Lob- und Dankopfer rituell feiern, verlangt danach, im Leben vollzogen zu werden. Dann redet der Glaube, den wir empfangen haben (vgl. 2 Kor 4,13).*

Benedikt XVI. am 25. Mai 2005

Psalm 118, 1–2.19–20.22–23

1 Danket dem Herrn, denn er ist gütig,
denn seine Huld währt ewig.
2 So soll Israel sagen:
Denn seine Huld währt ewig.
19 Öffnet mir die Tore zur Gerechtigkeit,
damit ich eintrete, um dem Herrn zu danken.
20 Das ist das Tor zum Herrn,
nur Gerechte treten hier ein.
22 Der Stein, den die Bauleute verwarfen,
er ist zum Eckstein geworden.
23 Das hat der Herr vollbracht,
vor unseren Augen geschah dieses Wunder.

Liebe Brüder und Schwestern!

1. An allen großen und fröhlichen Festtagen des frühen Judentums, besonders am Paschafest, wurde die Sequenz der Psalmen 113–118 gesungen. Diese Reihe von Gesängen des Lobes und Dankes an Gott wurde das »ägyptische Hallel« genannt, weil in einem von ihnen, in Psalm 113A, der Auszug Israels aus dem Land der Unterdrückung, dem Ägypten Pharaos, und das wunderbare Geschenk des göttlichen Bundes eindrucksvoll und poetisch besungen wurde. Der letzte Psalm also, der dieses »ägyptische Hallel«

abschließt, ist genau Psalm 118, der soeben erklungen ist und von uns schon früher einmal kommentiert wurde.

2. Dieses Lied zeigt ganz klar eine liturgische Verwendung im Jerusalemer Tempel. Denn in seiner Struktur scheint sich eine Prozession den Weg zu bahnen, die in den »Zelten der Gerechten« (V. 15) beginnt, das heißt in den Häusern der Gläubigen. Diese rühmen den Schutz durch Gottes Hand, die den zu behüten vermag, der gerecht und zuversichtlich ist, auch wenn ihn böse Feinde bedrängen. Der Psalmist verwendet ein anschauliches Bild: »Sie umschwirren mich wie Bienen, wie ein Strohfeuer verlöschen sie; ich wehre sie ab im Namen des Herrn« (V. 12).

¶ Angesichts dieser überstandenen Gefahr bricht das Volk Gottes in »Frohlocken und Jubel« aus (V. 15) zu Ehren der »Rechten des Herrn, die erhoben war und mit Macht gewirkt hat« (vgl. V. 16). Hier ist also das Wissen, dass man nie allein und verlassen und dem Sturm ausgeliefert ist, den die Feinde entfesselt haben. Das letzte Wort hat wirklich Gott, der zwar eine harte Prüfung des Gläubigen zulässt, ihn aber nicht dem Tod übergibt (vgl. V. 18).

3. An dieser Stelle scheint die Prozession das Ziel zu erreichen, das der Psalmist durch das Bild der »Tore zur Gerechtigkeit« (V. 19), das heißt der heiligen Pforte des Tempels von Zion, in Erinnerung ruft. Die Prozession be-

gleitet den Helden, dem Gott den Sieg geschenkt hat. Er bittet darum, ihm die Tore zu öffnen, damit er »eintrete, um dem Herrn zu danken« (V. 19). »Nur Gerechte treten hier ein« mit ihm (V. 20). Er beschreibt die harte Prüfung, die er überwunden hat, und die darauf folgende Verherrlichung und vergleicht sich mit einem »Stein, den die Bauleute verwarfen« und der dann »zum Eckstein geworden« ist (V. 22).

¶ Christus hat gerade dieses Bild und diesen Vers am Ende des Gleichnisses von den bösen Winzern verwandt, um sein Leiden und seine Verherrlichung anzukündigen (vgl. Mt 21,42).

4. Indem Christus den Psalm auf sich selbst bezieht, öffnet er den Weg zum christlichen Verständnis dieses Liedes der Zuversicht und des Dankes an den Herrn für sein »hesed«, das heißt für seine liebevolle Treue, die im ganzen Psalm widerhallt (vgl. Ps 118,1.2.3.4.29).

¶ Die Kirchenväter verwandten zwei Symbole. Vor allem das der »Tore zur Gerechtigkeit«, das Klemens von Rom in seinem Brief an die Korinther wie folgt kommentiert hat: »Obgleich nun viele Tore offen stehen, so ist das Tor der Gerechtigkeit das Tor Christi; selig sind alle, die durch dieses eingehen und die geraden Weges wandeln ›in Heiligkeit und Gerechtigkeit‹ (Lk 1,75), indem sie unbeirrt alles vollbringen« (48, 4: Bibliothek der Kirchenväter, Band 35, Kempten / München 1918, S. 57–58).

5. Das andere Symbol, das zum vorhergehenden hinzukommt, ist das des Felsen. Lassen wir uns also bei unserer Meditation vom hl. Ambrosius in seinem Lukaskommentar führen. Während er das Messiasbekenntnis des Petrus in Cäsarea Philippi kommentiert, betont er: »Der Fels ist Christus … auch seinem Jünger enthielt er diesen Ehrennamen nicht vor, auf dass auch er ein ›Petrus‹ (Fels) wäre, indem er vom Fels (Christus) die Festigkeit der Standhaftigkeit und die Kraft des Glaubens haben sollte.«

¶ Ambrosius beginnt dann seine Ermahnung: »Setze denn alle Kraft ein, dass auch du ein Fels seiest! Nicht außer dir, sondern in dir suche den Fels! Dein Fels ist die Tatkraft, dein Fels ist der Geist. Über diesem Felsen lässt sich dein Haus aufbauen, dass es durch keine Stürme der Geister der Bosheit erschüttert werden kann. Bist du Fels, wirst du der Kirche angehören; denn auf Felsengrund ruht die Kirche. Gehörst du der Kirche an, werden die Pforten der Unterwelt dich nicht überwältigen« (VI, 97–99: Bibliothek der Kirchenväter, Kempten / München, Bd. 21, S. 320).

¶ *Der Rechtschaffene hat es oft schwer in der Welt. Er erfährt Gegnerschaft und Missachtung wie der »Stein, den die Bauleute verwarfen« (Ps 118,22). Und doch ist der gute und gottesfürchtige Mensch der Eckstein einer neuen Ordnung. Das Wissen um die Huld des Herrn, die ihn auch durch Zeiten der Prüfung trägt und erhält, erfüllt den Gläubigen mit Hoffnung und Zuversicht. Daher jubelt der alttestamentliche Beter in*

Psalm 118: »Danket dem Herrn, denn er ist gütig« (V. 1). Wir Christen, die wir im Antlitz Jesu die Güte und Menschenfreundlichkeit Gottes erkennen, stimmen gerne in diesen Lobpreis ein. Im Gebet bringen wir beständig unseren Dank vor Gott.

Johannes Paul II. am 12. Februar 2003

Psalm 126

1 [Ein Wallfahrtslied.]
Als der Herr das Los der Gefangenschaft Zions /
wendete,
da waren wir alle wie Träumende.
2 Da war unser Mund voll Lachen
und unsere Zunge voll Jubel.
Da sagte man unter den andern Völkern:
»Der Herr hat an ihnen Großes getan.«
3 Ja, Großes hat der Herr an uns getan.
Da waren wir fröhlich.
4 Wende doch, Herr, unser Geschick,
wie du versiegte Bäche wieder füllst im Südland.
5 Die mit Tränen säen,
werden mit Jubel ernten.
6 Sie gehen hin unter Tränen
und tragen den Samen zur Aussaat.
Sie kommen wieder mit Jubel
und bringen ihre Garben ein.

Liebe Brüder und Schwestern!

1. Wenn man die Worte von Psalm 126 hört, hat man den Eindruck, den Ablauf des im zweiten Teil des Buches Jesaja besungenen Ereignisses, nämlich des »neuen Exodus«, mit eigenen Augen zu verfolgen. Es ist Israels Heimkehr aus der Babylonischen Gefangenschaft in das Land der

Väter nach dem Edikt des persischen Königs Cyrus im Jahr 538 v. Chr. Es wiederholte sich damals die freudige Erfahrung des ersten Auszugs, durch den das jüdische Volk von der ägyptischen Knechtschaft befreit wurde.

¶ Besondere Bedeutsamkeit hatte dieser Psalm, wenn er in den Tagen gesungen wurde, in denen sich Israel bedroht fühlte und Furcht hatte, weil es erneut geprüft wurde. Denn der Psalm enthält die Bitte um Rückkehr der damaligen Gefangenen (vgl. V. 4). So wurde er zu einem Gebet des Volkes Gottes auf seinem geschichtlichen Weg, der voller Gefahren und Prüfungen ist, aber immer offen bleibt für das Vertrauen auf Gott, den Retter und Befreier, der die Schwachen und Unterdrückten stützt.

2. Der Psalm beginnt in einer Atmosphäre des Jubels: Es wird gelacht, man jubelt über die errungene Freiheit, da sind »unsere Zungen voll Jubel« (vgl. V. 1–2).

¶ Die Reaktion auf die wiedererlangte Freiheit war zweifacher Art. Erstens erkannten die anderen Völker die Größe des Gottes Israels: »Der Herr hat an ihnen Großes getan« (V. 2). Die Rettung des auserwählten Volkes war ein klarer Beweis für die wirksame und mächtige Existenz Gottes, der in der Geschichte gegenwärtig ist und handelt. Zweitens bekannte das Volk Gottes seinen Glauben an den Herrn, der rettet: »Ja, Großes hat der Herr an uns getan« (V. 3).

3. Die Gedanken schweifen in die Vergangenheit, und man erlebt sie von neuem mit einem Anflug von Furcht und Bitternis. Wir wollen nun unsere Aufmerksamkeit auf das vom Psalmisten beschriebene ländliche Bild richten: »Die mit Tränen säen, werden mit Jubel ernten« (V. 5). Unter der Last der Arbeit zeichnen die Tränen manchmal Furchen ins Gesicht. Die Aussaat ist mühevoll, vielleicht nutzlos und ohne Erfolg. Wenn aber voll Freude eine reiche Ernte eingebracht wird, entdeckt man, dass dieser Schmerz fruchtbar war.

¶ In diesem Psalmvers ist die tiefe Lehre vom Geheimnis der Fruchtbarkeit und des Lebens zusammengefasst, die das Leiden enthalten kann. So wie Jesus am Vorabend seines Leidens und Sterbens gesagt hatte: »Wenn das Weizenkorn nicht in die Erde fällt und stirbt, bleibt es allein; wenn es aber stirbt, bringt es reiche Frucht« (Joh 12,24).

4. Der Ausblick des Psalms weist auf eine fröhliche Ernte hin, das Symbol der Freude, die der Freiheit, dem Frieden und dem Wohlstand entspringt, die Frucht des göttlichen Segens sind. Dieses Gebet ist also ein Lied der Hoffnung, das man zu Hilfe nimmt, wenn man in Zeiten der Prüfung, der Angst, der äußeren Bedrohung und der inneren Bedrücktheit lebt.

¶ Aber es kann auch ein allgemeiner Aufruf werden, unsere Tage in einer Atmosphäre der Glaubenstreue zu leben und sich dementsprechend zu entscheiden. Die Beharrlichkeit im Guten, auch wenn sie missverstanden und angegriffen wird, endet immer mit Licht, Fruchtbarkeit und Frieden.

¶ Daran erinnerte der Apostel Paulus die Galater: »Wer aber im Vertrauen auf den Geist sät, wird vom Geist ewiges Leben ernten. Lasst uns nicht müde werden, das Gute zu tun; denn wenn wir darin nicht nachlassen, werden wir ernten, sobald die Zeit dafür gekommen ist« (Gal 6,8–9).

5. Wir schließen mit einer Betrachtung des hl. Beda Venerabilis (672/3 bis 735) über Psalm 126 als Kommentar zu den Worten, mit denen Jesus seinen Jüngern die Trauer ankündigte, die auf sie zukam, zusammen mit der Freude, die aus ihrer Trauer erwachsen sollte (vgl. Joh 16,20).

¶ Beda erinnert daran, dass »diejenigen weinten und klagten, die Christus liebten, als sie sahen, wie er von den Gegnern gefangengenommen, gefesselt und vor Gericht gestellt, verurteilt, gegeißelt, verhöhnt und zuletzt gekreuzigt, von der Lanze durchbohrt und begraben wurde. Diejenigen, die die Welt liebten, freuten sich …, als sie den, dessen Anblick allein ihnen schon lästig war, zum schändlichen Tod verurteilten. Die Jünger betrauerten den Tod des Herrn, aber nachdem sie von seiner Auferstehung erfahren hatten, verwandelte sich ihre Trauer in Freude. Als sie dann das Wunder der Himmelfahrt gesehen hatten, lobten und priesen sie den Herrn mit noch größerer Freude, wie der Evangelist Lukas bezeugt (vgl. Lk 24,53). Die

Worte des Herrn passen für alle Gläubigen, die unter Tränen und Bedrängnissen in der Welt zu den ewigen Freuden gelangen wollen und jetzt zu Recht weinen und trauern, weil sie ihn, den sie lieben, noch nicht sehen können; sie wissen, dass sie, solange sie noch im Leib sind, fern vom Haus des Vaters und fern vom Reich Gottes sind, auch wenn sie sicher sind, durch die Mühen und Kämpfe den ewigen Lohn zu erlangen. Ihre Trauer wird sich in Freude verwandeln, wenn sie, nachdem sie diesen Lebenskampf beendet haben, den Lohn des ewigen Lebens empfangen, wie es im Psalm heißt: ›die mit Tränen säen, werden mit Jubel ernten‹« (Omelie sul Vangelo, 2,13; Collana di Testi Patristici, XC, Rom 1990, S. 379–380).

¶ *Am Morgen des 17. August erreichte Papst Benedikt XVI. die traurige Nachricht vom gewaltsamen Tod von Frère Roger Schutz. Bei der Generalaudienz sagte er:*

¶ *»Wir haben zugleich von Trauer und Freude gesprochen. In der Tat habe ich heute morgen eine sehr traurige, dramatische Nachricht erhalten. Gestern Abend wurde während des Abendgebets der liebe Frère Roger Schutz, Gründer der Gemeinschaft von Taizé, durch Messerstiche getötet, möglicherweise von einer Geistesgestörten. Diese Nachricht betrübt mich umso mehr, als ich gerade gestern einen sehr ergreifenden und freundschaftlichen Brief von Frère Roger erhalten habe. Er schreibt darin, dass er mir von ganzem Herzen mitteilen möchte: ‚Wir stehen mit Ihnen und mit all denen, die jetzt in Köln versammelt sind, in Gemeinschaft‹.*

¶ *Dann schreibt er weiter, dass er aufgrund seines Gesundheitszustandes leider nicht persönlich nach Köln kommen könne, er sei jedoch mit seinen Brüdern spirituell anwesend. Schließlich schreibt er mir in diesem Brief, dass er den Wunsch habe, möglichst bald nach Rom zu kommen, um mir einen Besuch abzustatten und um mir mitzuteilen, dass ›unsere Gemeinschaft von Taizé gemeinsam mit dem Heiligen Vater vorangehen möchte‹. Und dann fügt er noch handschriftlich hinzu: ›Heiliger Vater, ich versichere Sie meiner Empfindungen der tiefen Verbundenheit. Frère Roger von Taizé‹.*

¶ *In diesem Moment der Trauer bleibt uns nur, der Barmherzigkeit des Herrn die Seele seines treuen Dieners anzuvertrauen. Wir wissen, dass aus der Trauer – wie wir soeben im Psalm gehört haben – wieder Freude entsteht. Frère Schutz hat nun Anteil an der ewigen Gnade, der ewigen Liebe, er ist zur ewigen Freude gelangt. Er ermahnt uns und ruft uns auf, stets treue Arbeiter im Weinberg des Herrn zu sein, auch in traurigen Situationen, mit der Gewissheit, dass uns der Herr begleitet und uns seine Freude schenken wird.«*

Benedikt XVI. am 17. August 2005

Psalm 132,11–18

11 Der Herr hat David geschworen,
einen Eid, den er niemals brechen wird:
»Einen Spross aus deinem Geschlecht
will ich setzen auf deinen Thron.
12 Wenn deine Söhne meinen Bund bewahren,
mein Zeugnis, das ich sie lehre,
dann sollen auch ihre Söhne
auf deinem Thron sitzen für immer.«
13 Denn der Herr hat den Zion erwählt,
ihn zu seinem Wohnsitz erkoren:
14 »Das ist für immer der Ort meiner Ruhe;
hier will ich wohnen, ich hab ihn erkoren.
15 Zions Nahrung will ich reichlich segnen,
mit Brot seine Armen sättigen.
16 Seine Priester will ich bekleiden mit Heil,
seine Frommen sollen jauchzen und jubeln.
17 Dort lasse ich Davids Macht erstarken
und stelle für meinen Gesalbten ein Licht auf.
18 Ich bedecke seine Feinde mit Schande;
doch auf ihm erglänzt seine Krone.«

Liebe Brüder und Schwestern!

1. Soeben ist der zweite Teil von Psalm 132 erklungen, ein Lied, das ein Schlüsselereignis aus der Geschichte Israels

in Erinnerung ruft: die Überführung der Bundeslade des Herrn nach Jerusalem.

¶ David war der Urheber dieser Übertragung, die im ersten Teil des Psalms bezeugt wird, den wir bereits betrachtet haben. In der Tat hatte der König geschworen, dass er den Königspalast nicht betreten werde, bis nicht eine Wohnung für die Bundeslade Gottes, das Zeichen der Gegenwart des Herrn unter seinem Volk, gefunden sei (vgl. V. 3–5).

¶ Auf diesen Schwur des Königs antwortet jetzt Gott selbst mit einem Eid: »Der Herr hat David geschworen, einen Eid, den er niemals brechen wird« (V. 11). Diese feierliche Verheißung ist im wesentlichen die gleiche, die auch der Prophet Natan König David im Namen Gottes gegeben hatte; sie betrifft die künftige Nachkommenschaft Davids, deren Herrschaft ewigen Bestand haben soll (vgl. 2 Sam 7,8–16).

2. Der göttliche Eid enthält aber auch eine Verpflichtung des Menschen, denn er ist an ein »Wenn«, an eine Bedingung gebunden: »Wenn deine Söhne meinen Bund bewahren« (Ps 132,12). Der Verheißung und dem Geschenk Gottes, das nichts Magisches an sich hat, muss die treue und tätige Zustimmung des Menschen in einem Dialog antworten, in dem die göttliche und die menschliche Freiheit miteinander verflochten sind.

¶ An dieser Stelle wird der Psalm zu einem Gesang, der die wunderbaren Wirkungen des göttlichen Geschenkes und der Treue Israels preist. Denn man wird in der Tat die Gegenwart Gottes unter seinem Volk erfahren (vgl. V. 13–14): Er wird wie ein Mitbewohner unter den Bewohnern Jerusalems sein, wie ein Mitbürger, der mit den anderen Bürgern den Lauf der Geschichte erlebt, aber die Kraft seines Segens anbietet.

3. Gott wird die Ernte segnen und sich um die Sättigung der Armen kümmern (vgl. V. 15); er wird seinen schützenden Mantel über die Priester breiten und sie mit seinem Heil bekleiden; er wird dafür sorgen, dass alle Gläubigen in Freude und Zuversicht leben (vgl. V. 16).

¶ Ein besonderer Segen ist wieder David und seinen Nachkommen vorbehalten: »Dort lasse ich Davids Macht erstarken und stelle für meinen Gesalbten ein Licht auf. Ich bedecke seine Feinde mit Schande; doch auf ihm erglänzt seine Krone« (V. 17–18).

¶ Wie es schon im ersten Teil des Psalms geschehen ist (vgl. V. 10), tritt nun wieder der »Gesalbte«, auf hebräisch »Messias«, in Erscheinung, so dass er Davids Nachkommenschaft mit dem Kommen des Messias verbindet, das aus christlicher Perspektive in Christus Wirklichkeit wird. Die verwendeten Bilder sind lebendig: David wird als fruchtbringender Spross dargestellt. Gott verleiht dem Nachkommen Davids strahlendes Licht, das Symbol der Lebenskraft und Herrlichkeit, und die glänzende Krone soll den Triumph über die Feinde und damit den Sieg über das Böse andeuten.

4. In Jerusalem verwirklicht sich im Tempel, der die Bundeslade birgt, und in der Dynastie Davids die zweifache Gegenwart des Herrn im Raum und in der Geschichte. Psalm 132 wird also eine Feier Gottes, des Immanuel, der bei seinen Geschöpfen ist, bei ihnen lebt und ihnen Wohltaten erweist, wenn sie mit ihm in der Wahrheit und in der Gerechtigkeit vereint sind. Der spirituelle Kern dieses Hymnus ist bereits eine Ankündigung der johanneischen Botschaft: »Das Wort ist Fleisch geworden und hat unter uns gewohnt« (Joh 1,14).

5. Abschließend erinnern wir daran, dass die Kirchenväter den Anfang dieses zweiten Teils von Psalm 132 gewöhnlich dazu verwendet haben, um die Menschwerdung des Wortes im Schoß der Jungfrau Maria zu beschreiben. Schon der hl. Irenäus hat, anknüpfend an die Prophetie von Jesaja über die Jungfrau, die gebären sollte, erklärt: »Die Worte ›Hört her, ihr vom Haus David!‹ (Jes 7,13) bedeuten, dass der ewige König, den Gott – wie er David verheißen hatte – aus dem ›Spross seines Geschlechts‹ erwecken wollte (Ps 132,11), derjenige ist, der aus der Jungfrau geboren wurde und von David abstammt. Denn Gott hatte ihm einen König verheißen, der aus dem ›Spross seines Geschlechts‹ geboren werden sollte, ein Ausdruck, mit dem eine schwangere Jungfrau bezeichnet wird. Die Schrift … betont und bekräftigt den Spross des Geschlechts, um zu verkünden, dass der, welcher kommen

soll, aus der Jungfrau geboren wird. Das bezeugte Elisabeth, als sie, erfüllt vom Heiligen Geist, zu Maria sagte: ›Gesegnet bist du mehr als alle anderen Frauen, und gesegnet ist die Frucht deines Leibes‹ (Lk 1,42). So weist der Heilige Geist diejenigen, die ihn hören wollen, darauf hin, dass sich in der Geburt aus der Jungfrau, also aus Maria, Gottes Verheißung an David erfüllt hat, das heißt, dass er aus dem Spross seines Geschlechts einen König erwecken werde« (Contro le eresie, 3,21,5: Già e Non Ancora, CCCXX, Mailand 1997, S. 285).

¶ So können wir anhand dieses großen Bogens, der sich vom frühen Psalm bis zur Menschwerdung des Herrn spannt, die Treue Gottes erkennen. Aus dem Psalm strahlt bereits das Geheimnis eines Gottes durch, der unter uns wohnt und der in der Menschwerdung eins mit uns wird. Diese Treue Gottes schenkt uns Zuversicht in den Wechselfällen der Geschichte, und sie ist Grund unserer Freude.

¶ *Der Einzug der Bundeslade in Jerusalem ist der thematische Rahmen von Psalm 132, dessen zweiten Teil wir heute betrachten. Darin ist die Rede von einem »Eid« des Herrn, den er »niemals brechen wird« (V. 11). Das Treueversprechen Gottes bezieht sein Volk mit ein, dessen tätige Antwort Teil jenes Bundes ist, in dem göttliche und menschliche Freiheit sich treffen. Die wunderbare Frucht der Bundestreue ist das Wohnen Gottes unter seinem Volk. Der Herr ist gleichsam Mitbewohner Jerusalems; seine Gegenwart in Raum und Zeit ist Quelle des*

Segens für alle, die zu ihm gehören. In diesem alttestamentlichen Lobpreis auf den »Gott-mit-uns« erklingt ein Präludium der im Johannesevangelium verkündeten Botschaft vom Heil: »Das Wort ist Fleisch geworden und hat unter uns gewohnt« (Joh 1,14).

Benedikt XVI. am 21. September 2005

Psalm 146,1–8

1 Halleluja!
Lobe den Herrn, meine Seele!
2 Ich will den Herrn loben, solange ich lebe,
meinem Gott singen und spielen, solange ich da bin.
3 Verlasst euch nicht auf Fürsten,
auf Menschen, bei denen es doch keine Hilfe gibt.
4 Haucht der Mensch sein Leben aus
und kehrt er zurück zur Erde,
dann ist es aus mit all seinen Plänen.
5 Wohl dem, dessen Halt der Gott Jakobs ist
und der seine Hoffnung auf den Herrn, seinen / Gott, setzt.
6 Der Herr hat Himmel und Erde gemacht,
das Meer und alle Geschöpfe;
er hält ewig die Treue.
7 Recht verschafft er den Unterdrückten,
den Hungernden gibt er Brot;
der Herr befreit die Gefangenen.
8 Der Herr öffnet den Blinden die Augen,
er richtet die Gebeugten auf.

Liebe Brüder und Schwestern!

1. Der Psalm 146, den wir soeben gehört haben, ist ein »Halleluja«, das erste der fünf, die die ganze Psaltersammlung abschließen. Schon die jüdische liturgische Tradition

hat diesen Hymnus als Morgenlob verwandt. Er gipfelt in der Kundgabe der Herrschaft Gottes über die menschliche Geschichte. In der Tat wird am Schluss des Psalms bekräftigt: »Der Herr ist König auf ewig« (V. 10).

¶ Daraus folgt eine tröstliche Wahrheit: Wir sind nicht uns selbst überlassen, unser Lebenslauf wird nicht vom Chaos oder vom blinden Schicksal bestimmt; die Ereignisse sind kein reines Aufeinanderfolgen von Tatsachen ohne Sinn und Ziel. Aus dieser Überzeugung erwächst ein wahres und echtes Bekenntnis des Glaubens an Gott, ausgedrückt in einer Art Litanei, in der seine Eigenschaften, die Liebe und die Treue, verkündet werden (vgl. V. 6–9).

2. Gott ist Schöpfer des Himmels und der Erde, er hält dem Bund, der ihn an sein Volk bindet, die Treue; er verschafft Recht den Unterdrückten, den Hungernden gibt er Brot und befreit die Gefangenen. Er ist es, der den Blinden die Augen öffnet, die Gebeugten aufrichtet, die Gerechten liebt, die Fremden beschützt, den Waisen und Witwen zu ihrem Recht verhilft. Er ist es, der die Schritte der Frevler in die Irre leitet; er ist König und herrscht über alle Lebewesen und alle Zeiten.

¶ Es handelt sich um zwölf theologische Aussagen, die durch ihre vollendete Zahl die Fülle und Vollkommenheit des göttlichen Handelns zum Ausdruck bringen wollen. Der Herr ist kein Herrscher, der seinen Geschöpfen fern steht, sondern er ist in ihre Geschichte eingebunden als derjenige, der die Gerechtigkeit verteidigt, indem er sich auf die Seite der Geringsten, der Opfer, der Unterdrückten, der Unglücklichen stellt.

3. Der Mensch steht also vor einer Grundsatzentscheidung zwischen zwei gegensätzlichen Möglichkeiten: Auf der einen Seite besteht die Versuchung, »sich auf Fürsten zu verlassen« (vgl. V. 3), indem er deren Kriterien annimmt, die sich an der Bosheit, dem Egoismus und dem Hochmut inspirieren. In Wirklichkeit sind das aber schlüpfrige Wege in den Niedergang, »Pfade, die krumm verlaufen, und Straßen, die in die Irre führen« (Spr 2,15), die in der Verzweiflung enden.

¶ In der Tat erinnert der Psalmist daran, dass der Mensch ein schwaches und sterbliches Lebewesen ist, wie schon das Wort »'adam« anzeigt, das sich im Hebräischen von Erde, Materie, Staub ableitet. Der Mensch – so wiederholt die Bibel oft – gleicht einem Haus, das zerbröckelt (vgl. Koh 12,1–7), einem Spinngewebe, das der Wind zerfetzt (vgl. Ijob 8,14), dem Gras, das am Morgen grünt und am Abend welkt (vgl. Ps 89,5–6; 102,15–16). Wenn der Tod über ihn kommt, werden alle seine Pläne zunichte, und er kehrt zum Staub zurück: »Haucht der Mensch sein Leben aus und kehrt er zurück zur Erde, dann ist es aus mit all seinen Plänen« (Ps 146,4).

4. Es gibt aber für den Menschen auch eine andere Möglichkeit, und die wird vom Psalmisten seliggepriesen: »Wohl dem, dessen Halt der Gott Jakobs ist und der seine Hoffnung auf den Herrn, seinen Gott, setzt« (V. 5). Das ist der Weg des Vertrauens auf den Gott, der ewig und treu ist. Das Amen, das das hebräische Wort des Glaubens ist, bedeutet, sich auf die unerschütterliche Stärke des Herrn zu stützen, auf seine Ewigkeit, auf seine unendliche Macht. Aber es bedeutet vor allem, seine Entscheidungen zu teilen, die von dem zuvor beschriebenen Bekenntnis des Glaubens und des Lobes ins Licht gerückt wurden.

¶ Es ist notwendig, in Zustimmung zum göttlichen Willen zu leben, den Hungernden das Brot zu reichen, die Gefangenen zu besuchen, die Kranken zu stützen und zu ermutigen, die Fremden zu schützen und aufzunehmen, sich der Armen und Leidenden anzunehmen. Es ist praktisch derselbe Geist der Seligpreisungen; es ist die Entscheidung für das Liebesangebot, das uns schon in diesem Leben rettet und das dann Gegenstand unserer Prüfung sein wird beim Jüngsten Gericht, das die Geschichte besiegeln wird. Dann werden wir nach den Entscheidungen gerichtet, Christus zu dienen im Hungrigen, im Durstigen, im Fremden, im Nackten, im Kranken, im Gefangenen. »Was ihr für einen meiner geringsten Brüder getan habt, das habt ihr mir getan« (Mt 25,40), wird der Herr sagen.

5. Wir beenden unsere Meditation über den Psalm 146 mit einem Denkanstoß, der uns von der späteren christlichen Tradition angeboten wird.

¶ Als der große Schriftsteller des dritten Jahrhunderts, Origenes, den Vers 7 dieses Psalms kommentieren will – »den Hungernden gibt er Brot; der Herr befreit die Gefangenen«, fasst er es als eine deutliche Einladung im Bezug auf die Eucharistie auf: »Wir hungern nach Christus, und er selbst wird uns das Brot des Himmels geben. ›Gib uns unser tägliches Brot.‹ Die so sprechen, sind Hungernde, die das Brot brauchen, die hungern.« Und dieser Hunger wird vollständig gesättigt durch das eucharistische Sakrament, in dem der Mensch sich vom Leib und vom Blut Christi nährt (vgl. Origenes-Hieronymus, 74 omelie sul libro dei Salmi, Milano 1993, S. 526–527).

¶ *Psalm 146 ist ein Loblied auf Gottes Güte und Treue: Der Schöpfer trägt und erhält unser Leben. Menschliche Macht schwindet. Auf Gott aber ist immer Verlass. Er ist gerecht und tritt für die Bedürftigen und Unglücklichen ein. »Den Hungernden gibt er Brot« (Ps 146,7). In Christus hat sich diese Verheißung erfüllt: Er ist das Brot des Lebens und das Heil der Welt.*

Johannes Paul II. am 2. Juli 2003

Gott
der liebt

Psalm 111

1 Halleluja!
Den Herrn will ich preisen von ganzem Herzen
im Kreis der Frommen, inmitten der Gemeinde.
2 Groß sind die Werke des Herrn,
kostbar allen, die sich an ihnen freuen.
3 Er waltet in Hoheit und Pracht,
seine Gerechtigkeit hat Bestand für immer.
4 Er hat ein Gedächtnis an seine Wunder gestiftet,
der Herr ist gnädig und barmherzig.
5 Er gibt denen Speise, die ihn fürchten,
an seinen Bund denkt er auf ewig.
6 Er hat seinem Volk seine machtvollen Taten kundgetan,
um ihm das Erbe der Völker zu geben.
7 Die Werke seiner Hände sind gerecht und beständig,
all seine Gebote sind verlässlich.
8 Sie stehen fest für immer und ewig,
geschaffen in Treue und Redlichkeit.
9 Er gewährte seinem Volk Erlösung
und bestimmte seinen Bund für ewige Zeiten.
Furcht gebietend ist sein Name und heilig.
10 Die Furcht des Herrn ist der Anfang der Weisheit;
alle, die danach leben, sind klug.
Sein Ruhm hat Bestand für immer.

Liebe Brüder und Schwestern!

1. Heute spüren wir den starken Wind. In der Heiligen Schrift ist der Wind Symbol des Heiligen Geistes. Hoffen wir, dass uns jetzt der Heilige Geist erleuchtet, wenn wir über den soeben gehörten Psalm 111 nachdenken. Bei diesem Psalm handelt es sich um ein Lob- und Danklied für die vielen Wohltaten, die Gott in seinen Wesenseigenschaften und seinem Heilswerk charakterisieren: Es ist die Rede von »Gnade« und »Barmherzigkeit«, von »Gerechtigkeit«, von seinen »machtvollen Taten«, von »Beständigkeit«, von »Wahrheit«, von »Redlichkeit«, von »Treue«, vom »Bund«, von »Werken«, von »Wundern«, sogar von »Speise«, die er gibt, und zum Schluss von seinem heiligen »Namen«, das heißt von seiner Person. Das Gebet ist somit Betrachtung des göttlichen Geheimnisses und der Wundertaten, die er in der Heilsgeschichte wirkt.

2. Der Psalm beginnt mit dem Verb »preisen«, das nicht nur aus dem Herzen des Beters, sondern auch aus der ganzen liturgischen Versammlung aufsteigt (vgl. V. 1). Der Gegenstand dieses Gebetes, das auch den Dankritus einschließt, wird durch das Wort »Werke« (vgl. V. 2 und 7) ausgedrückt. Sie verweisen auf das heilbringende Handeln des Herrn, die Kundgabe seiner »Gerechtigkeit« (V. 3); ein Terminus, der im Sprachgebrauch der Bibel vor allem auf die Liebe hinweist, die Heil bringt.

¶ Deshalb verwandelt sich der Mittelpunkt des Psalms in einen Hymnus auf den Bund (V. 4–9), auf dieses enge Band, das Gott mit seinem Volk verbindet und das eine Reihe von Haltungen und Gesten umfasst. So spricht man von »Gnade« und »Barmherzigkeit« (V. 4) gemäß der bedeutsamen Verkündigung auf dem Sinai: Der Herr »ist ein barmherziger und gnädiger Gott, langmütig, reich an Huld und Treue« (Ex 34,6).

¶ Mit »gnädig« ist die göttliche Gnade gemeint, die den Gläubigen umgibt und verwandelt, während das Wort »barmherzig« im hebräischen Original durch einen charakteristischen Terminus ausgedrückt wird, der auf den mütterlichen »Schoß« des Herrn verweist, der noch barmherziger ist als der einer Mutter (vgl. Jes 49,15).

3. Dieses Liebesband schließt das grundlegende Geschenk der Speise und folglich des Lebens mit ein (vgl. Ps 111,5), das dann in der christlichen Auslegung mit der Eucharistie identisch ist, wie der hl. Hieronymus betont: »Er gab das Brot, das vom Himmel herabgekommen ist, zur Speise; wenn wir seiner würdig sind, dann ernähren wir uns davon!« (Breviarium in Psalmos, 110 [111]: PL XXVI, 1238–1239).

¶ Weiter gibt es das Geschenk der Erde, »das Erbe der Völker« (Ps 111,6), das auf das bedeutende Ereignis des Exodus anspielt, als sich der Herr als Gott der Befreiung erwies. Die Synthese des mittleren Teils dieses Liedes ist also in dem Thema des besonderen Bundes zwischen dem Herrn und seinem Volk zu suchen, wie der Vers 9 kurz und bündig sagt: »Er … bestimmte seinen Bund für ewige Zeiten.«

4. Psalm 111 wird zum Schluss besiegelt von der Betrachtung des göttlichen Antlitzes, der Person des Herrn, die durch ihren heiligen und transzendenten »Namen« zum Ausdruck gebracht wird. Indem er dann einen Weisheitsspruch zitiert (vgl. Spr 1,7; 9,10; 15,33), lädt der Psalmist jeden Gläubigen ein, die »Furcht des Herrn«, den Anfang der wahren Weisheit, zu pflegen (Ps 111,10). Hinter diesem Wort verbirgt sich nicht die Angst und der Schrecken, sondern die ernsthafte und aufrichtige Achtung, die Frucht der Liebe ist, die echte und eifrige Zustimmung zu Gott, dem Befreier. Und wenn das erste Wort des Liedes ein Dank war, dann ist das letzte ein Wort des Lobes: Wie seine heilbringende Gerechtigkeit »Bestand für immer« hat (V. 3), so kennt die Dankbarkeit des Beters keine Unterbrechung, sondern hat im Gebet »Bestand für immer« (V. 10). Zusammenfassend gesagt: Der Psalm lädt uns zum Schluss ein, die vielen Wohltaten zu entdecken, die uns der Herr täglich gewährt. Wir sehen eher die negativen Aspekte unseres Lebens. Der Psalm lädt uns ein, auch die positiven Dinge, die vielen Gaben zu sehen, die wir empfangen, und so dankbar zu werden, denn nur ein dankbares Herz kann die hohe Liturgie der Danksagung, die Eucharistie, würdig feiern.

5. Zum Abschluss unserer Reflexion wollen wir mit der kirchlichen Tradition der ersten christlichen Jahrhunderte den Schlussvers mit seiner bekannten Erklärung, die an anderer Stelle in der Bibel wiederholt wird (vgl. Spr 1,7), betrachten: »Die Furcht des Herrn ist der Anfang der Weisheit« (Ps 111,10).

¶ Der christliche Schriftsteller Barsanuphios von Gaza, der in der ersten Hälfte des sechsten Jahrhunderts lebte und wirkte, kommentiert ihn so: »Was ist der Anfang der Weisheit anderes, als dass man sich all dessen enthält, was für Gott abstoßend ist? Und wie kann man sich dessen enthalten, wenn man nicht vermeidet, irgendetwas zu tun, ohne um Rat gefragt zu haben, oder das zu sagen, was man nicht sagen darf, und wenn man sich selbst nicht für verrückt, töricht, verächtlich und für ein Nichts hält?« (Epistolario, 234: Collana di testi patristici, XVIII, Rom 1991, S. 265–266).

¶ Johannes Cassianus, der zwischen dem vierten und fünften Jahrhundert lebte, zog es jedoch vor, klarzustellen, dass »ein großer Unterschied besteht zwischen der Liebe, der es an nichts fehlt und die der Schatz der Weisheit und Wissenschaft ist, und der unvollkommenen Liebe, die als ›Anfang der Weisheit‹ bezeichnet wird; weil die unvollkommene Liebe den Gedanken an die Bestrafung enthält, wird sie durch den Einbruch der Fülle der Liebe vom Herzen der Vollkommenen ausgeschlossen« (Conferenze ai monaci, 2, 11, 13: Collana di testi patristici, CLVI, Rom

2000, S. 29). So wird auf unserem Lebensweg zu Christus die anfängliche unterwürfige Furcht durch eine vollkommene Furcht ersetzt, die Liebe und ein Geschenk des Heiligen Geistes ist.

¶ *Die Werke des Herrn erwecken den Lobpreis der Gläubigen. Das Geheimnis der göttlichen Liebe betrachtend, folgt der Beter von Psalm 111 den Spuren des Allmächtigen und hält staunend inne vor den Wundern seiner Schöpfung. Ehrfurcht und Anbetung sind die richtige Antwort auf Gottes Gnade und Barmherzigkeit, von denen die ganze Heilsgeschichte redet. Ergriffen von der unermesslichen Liebe des Herrn erkennt der gottesfürchtige Mensch, dass der Schöpfer, einem unendlich guten und gerechten Vater gleich, für die Seinen sorgt: »Er gibt denen Speise, die ihn fürchten, an seinen Bund denkt er auf ewig« (V. 5).*

¶ *Die Kirchenväter betonen, dass auch die Gottesfurcht der Läuterung bedarf. »Die Furcht des Herrn ist der Anfang der Weisheit« (V. 10). Die anfängliche Liebe ist unvollkommen, da sie noch den Gedanken an die Strafe enthält, erklärt der frühchristliche Autor Johannes Cassianus. Die vollkommene gottesfürchtige Liebe ist eine Gabe des Heiligen Geistes, die wir täglich neu erbeten.*

Benedikt XVI. am 8. Juni 2005

Psalm 112

1 Halleluja!
Wohl dem Mann, der den Herrn fürchtet und ehrt
und sich herzlich freut an seinen Geboten.
2 Seine Nachkommen werden mächtig im Land,
das Geschlecht der Redlichen wird gesegnet.
3 Wohlstand und Reichtum füllen sein Haus,
sein Heil hat Bestand für immer.
4 Den Redlichen erstrahlt im Finstern ein Licht:
der Gnädige, Barmherzige und Gerechte.
5 Wohl dem Mann, der gütig und zum Helfen bereit ist,
der das Seine ordnet, wie es recht ist.
6 Niemals gerät er ins Wanken;
ewig denkt man an den Gerechten.
7 Er fürchtet sich nicht vor Verleumdung;
sein Herz ist fest, er vertraut auf den Herrn.
8 Sein Herz ist getrost, er fürchtet sich nie;
denn bald wird er herabschauen auf seine /
Bedränger.
9 Reichlich gibt er den Armen,
sein Heil hat Bestand für immer;
er ist mächtig und hoch geehrt.
10 Voll Verdruss sieht es der Frevler,
er knirscht mit den Zähnen und geht zugrunde.
Zunichte werden die Wünsche der Frevler.

Liebe Brüder und Schwestern!

1. Nachdem wir gestern das Hochfest aller Heiligen des Himmels gefeiert haben, gedenken wir heute aller verstorbenen Gläubigen. Die Liturgie lädt uns ein, für unsere lieben Verstorbenen zu beten, wobei wir uns das Geheimnis des Todes, das gemeinsame Erbe aller Menschen, vor Augen halten.

¶ Vom Glauben erleuchtet, schauen wir gelassen und voll Hoffnung auf das menschliche Rätsel des Todes. Denn nach der Schrift ist er mehr als ein Ende, er ist eine neue Geburt, er ist der unumgängliche Übergang, durch den diejenigen das Leben in Fülle erlangen, die ihr Dasein auf Erden entsprechend den Weisungen des Wortes Gottes gestalten.

¶ Psalm 112, ein Weisheitslied, stellt uns die Persönlichkeit dieser Gerechten vor, die den Herrn fürchten, seine Transzendenz anerkennen und seinem Willen mit Vertrauen und Liebe zustimmen in der Erwartung, ihm nach dem Tod zu begegnen.

¶ Diesen Gläubigen gilt eine »Seligpreisung«: »Wohl dem Mann, der den Herrn fürchtet« (V. 1). Der Psalmist erklärt sofort genauer, wie diese Furcht beschaffen ist: Sie äußert sich in der Befolgung der göttlichen Gebote. Wer »sich herzlich freut an seinen Geboten«, wer aus ihnen Freude und Frieden schöpft, wird seliggepriesen.

2. Der Gehorsam gegenüber Gott ist also der Ursprung der Hoffnung und der inneren und äußeren Harmonie. Die Beachtung des Moralgesetzes ist für das Gewissen eine Quelle inneren Friedens. Ja, gemäß der biblischen Auffassung vom »Lohn« breitet sich über den Gerechten der Mantel des göttlichen Segens aus, der seinen Werken und denen seiner Nachkommen Beständigkeit und Erfolg verleiht. »Seine Nachkommen werden mächtig im Land, das Geschlecht der Redlichen wird gesegnet. Wohlstand und Reichtum füllen sein Haus« (V. 2–3; vgl. V. 9). Aber das Gegenteil von diesem optimistischen Ausblick sind die bitteren Beobachtungen des gerechten Ijob, der das Mysterium des Leidens erfährt, sich zu unrecht bestraft und scheinbar sinnlosen Prüfungen unterworfen fühlt. Ijob steht stellvertretend für die vielen gerechten Personen, die in der Welt schweres Leid erfahren. Deshalb ist dieser Psalm im Zusammenhang mit der Heiligen Schrift, bis zum Kreuzestod und zur Auferstehung des Herrn, zu lesen. Die Offenbarung umfasst alle Aspekte der Wirklichkeit des menschlichen Lebens.

¶ Trotzdem bleibt das Vertrauen erhalten, dessen Erfahrung der Psalmist demjenigen vermitteln will, der sich entschieden hat, den Weg einer moralisch einwandfreien Lebensführung zu gehen im Gegensatz zu den Alternativen eines trügerischen Erfolges, der auf Ungerechtigkeit und Unmoral aufgebaut ist.

3. Kern dieser Treue zum göttlichen Wort ist eine grundsätzliche Entscheidung, das heißt die Liebe zu den Armen und Notleidenden: »Wohl dem Mann, der gütig und zum Helfen bereit ist … Reichlich gibt er den Armen« (V. 5.9). Der Gläubige ist also großherzig; weil er die biblische Regel beachtet, leiht er den Brüdern in Not, ohne Zins (vgl. Dtn 15,7–11) und ohne die Schandtat des Wuchers zu begehen, der das Leben der Armen zerstört.

¶ Indem er die ständige Mahnung der Propheten aufnimmt, tritt er für die Ausgegrenzten ein und unterstützt sie mit allen Mitteln. »Reichlich gibt er den Armen«, heißt es in Vers 9, womit äußerste, völlig selbstlose Freigiebigkeit ausgedrückt wird.

4. Neben dem Bild des »Gnädigen, Barmherzigen und Gerechten«, der treu und mildtätig ist, werden in Psalm 112 in einem Vers auch die Merkmale des Frevlers dargestellt (vgl. V. 10). Wenn dieser den Erfolg des Gerechten sieht, verzehrt er sich vor Neid und Wut. Es ist die Qual dessen, der ein schlechtes Gewissen hat, im Unterschied zum großmütigen Menschen, dessen Herz »fest« und »getrost« ist (V. 7–8).

¶ Wir richten unseren Blick auf das gelassene Antlitz des glaubensvollen Menschen, der »reichlich den Armen gibt«, und wir überlassen uns am Ende unserer Betrachtung den Worten des Kirchenvaters Klemens von Alexandrien aus dem zweiten Jahrhundert, der ein schwer verständliches

Wort des Herrn kommentiert hat. Im Gleichnis vom unredlichen Verwalter kommt das Wort vor, nach dem wir mit »ungerechtem Reichtum« Gutes tun sollen. Daraus erwächst die Frage: Ist Geld, Reichtum an sich ungerecht, oder was will der Herr damit sagen? Klemens von Alexandrien erklärt dieses Wort sehr gut in seiner Predigt unter dem Titel: »Welcher Reiche wird sich retten«, indem er sagt: Jesus »erklärt jeden Besitz von Natur aus für ungerecht, wenn der Besitzer ihn persönlich für sein eigenes Wohl besitzt und ihn nicht der Gemeinschaft zur Verfügung stellt zugunsten all jener, die ihn brauchen. Aber er sagt auch, dass es möglich ist, aus dieser Ungerechtigkeit heraus ein heilbringendes Werk der Gerechtigkeit zu vollbringen, indem man den Kleinen, die eine ewige Wohnung beim Vater haben, Ruhe verschafft (vgl. Mt 10,42; 18,10)« (31,6: Collana di Testi Patristici, CXLVIII, Rom 1999, S. 56–57).

¶ Und in seinen Worten an den Leser mahnt Klemens: »Achte darauf, dass er dir nicht befohlen hat, dich bitten zu lassen oder darauf zu warten, dass du gebeten wirst, sondern du selbst sollst die suchen, die wirklich würdig sind, gehört zu werden, weil sie Jünger des Erlösers sind« (31,7: ebd., S. 57).

¶ Dann nimmt er einen anderen Text aus der Bibel zu Hilfe und kommentiert: »Das Sprichwort des Apostels ist also wahr: ›Gott liebt einen fröhlichen Geber‹ (2 Kor 9,7); wenn jemand es genießt zu schenken, wenn er nicht spärlich sät und nicht das gleiche zurückbekommen will, sondern ohne Bedauern und Unterschied und Schmerz teilt, dann heißt das wirklich Gutes tun« (31,8: ebd.).

¶ Wie ich anfangs gesagt habe, sind wir am Gedenktag der Verstorbenen aufgerufen, uns mit dem Geheimnis des Todes auseinander zusetzen und uns die Frage zu stellen, wie wir leben sollen, damit wir die Seligkeit erlangen. Der Psalm antwortet: Selig der Mensch, der barmherzig, gütig und gerecht ist; selig der Mensch, der in der Liebe zu Gott und zum Nächsten lebt. So leben wir gut, und so brauchen wir vor dem Tod keine Angst haben, denn wir sind in der Seligkeit, die von Gott kommt und ewig dauert.

¶ *Heute, am Tag nach dem Hochfest Allerheiligen, begeht die Kirche das Gedächtnis Allerseelen. Die Liturgie lädt uns in besonderer Weise ein, für das Seelenheil unserer Verstorbenen zu beten. Im Licht des Glaubens sehen wir das Geheimnis des Todes als einen Übergang zum Leben in Fülle, das denen bereitet ist, die ihr irdisches Dasein nach dem Wort und der Weisung Gottes ausgerichtet haben.*

¶ *Von dieser gläubigen Zuversicht spricht auch Psalm 112, den die heutige Katechese zum Inhalt hat. Darin wird der Mensch seliggepriesen, »der den Herrn fürchtet und ehrt und sich freut an seinen Geboten« (V. 1). Gottesfurcht und Folgsamkeit gegenüber den Geboten des Herrn sind ihm Grund unerschütterlicher Hoffnung und verschaffen seinem Gewissen Frieden. Dieses Vertrauen bleibt aufrecht, selbst wenn der Gerechte wie Hiob die Erfahrung des Leids macht. Die Treue gegenüber Gottes Wort bringt schließlich die Frucht der Nächstenliebe hervor: »Wohl dem Mann, der gütig und zum Helfen bereit ist … Reichlich gibt er den Armen« (V. 5.9). Als ein von Gott Beschenkter zeigt der Gläubige sich großherzig und selbstlos gegenüber den Menschen in Not.*

Benedikt XVI. am 2. November 2005

Psalm 117

1 Lobet den Herrn, alle Völker,
preist ihn, alle Nationen!
2 Denn mächtig waltet über uns seine Huld,
die Treue des Herrn währt in Ewigkeit.
Halleluja!

Liebe Schwestern und Brüder!

1. Dies ist der kürzeste aller Psalmen. Im hebräischen Original besteht er aus nur siebzehn Wörtern, von denen neun besonders wichtig sind. Es handelt sich um eine kleine Doxologie, also einen kurzgefassten Lobgesang, der sehr gut ein längeres Hymnengebet beschließen könnte. So war es mitunter in der Liturgie der Fall, ähnlich wie bei unserem »Gloria Patri«, das wir am Ende jedes Psalms beten.

¶ In der Tat erweisen sich diese wenigen Gebetsworte als bedeutungsvoll und tief, um in einer allumfassenden Perspektive den Bund zwischen dem Herrn und seinem Volk zu verherrlichen. In dieser Hinsicht nimmt der Apostel Paulus den ersten Vers auf, um alle Völker der Welt zum Lobpreis Gottes aufzufordern. So schreibt er an die Christen von Rom: »Die Heiden aber rühmen Gott um seines Erbarmens willen; es steht ja in der Schrift: […] Lobt den Herrn, alle Heiden, preisen sollen ihn alle Völker« (Röm 15,9.11).

2. Dieser kurze Hymnus, über den wir heute nachdenken, beginnt also – wie es oft bei dieser Art von Psalmen der Fall ist – mit einer Aufforderung zum Lob, die nicht nur an das Volk Israel, sondern an alle Völker der Erde gerichtet ist. Ein »Halleluja« soll den Herzen aller Gerechten entspringen, die Gott mit aufrichtigem Herzen suchen und lieben. Auch hier spiegelt der Psalter eine umfassende Sichtweise wider, die wahrscheinlich von der Erfahrung Israels während des babylonischen Exils im sechsten Jahrhundert v. Chr. gefördert wird: Damals begegnete das jüdische Volk anderen Nationen und Kulturen und empfand das Bedürfnis, den Menschen, mit denen es zusammenlebte, seinen Glauben zu verkünden. Im Psalter spürt man die Gewissheit, dass das Gute auf vielen Feldern erblühen und gleichsam zum einen Herrn und Schöpfer geleitet und gerichtet werden kann.

¶ Wir könnten daher von einer »Ökumene« des Gebets sprechen, das Völker, die sich hinsichtlich ihrer Herkunft, Geschichte und Kultur unterscheiden, in einer einzigen Umarmung vereint. Wir stehen dabei in der Perspektive der großen »Vision« Jesajas, der das Zusammenströmen aller Völker zum »Berg mit dem Haus des Herrn … am Ende der Tage« beschreibt. Dann werden die Schwerter und Lanzen aus den Händen fallen, ja sie werden zu Pflugscharen und Winzermessern umgeschmiedet, damit die Menschheit in Frieden lebe, dem einzigen Herrn aller Menschen lobsinge, sein Wort höre und sein Gesetz befolge (vgl. Jes 2,1–5).

3. Israel, das auserwählte Volk, hat vor diesem universalen Horizont einen Auftrag zu erfüllen: Es muss zwei große göttliche Tugenden verkünden, die es in seinem Bund mit dem Herrn erfahren hat (vgl. V. 2). Diese beiden Tugenden, die gewissermaßen die Grundzüge des Antlitzes Gottes darstellen, der »gute Doppelname« Gottes, um mit den Worten des hl. Gregor von Nyssa zu sprechen (vgl. In psalmorum inscriptiones), werden mit ebenso vielen hebräischen Begriffen zum Ausdruck gebracht, die allerdings in den Übersetzungen nicht in ihrer ganzen Bedeutungsfülle erstrahlen können.

¶ Das erste ist »hesed«, ein Begriff, der im Psalter wiederholt verwendet wird und auf den ich bei anderer Gelegenheit bereits eingegangen bin. Er möchte die Verflechtung jener tiefen Empfindungen ausdrücken, die zwischen zwei von einer wahren und dauerhaften Beziehung verbundenen Personen bestehen. Er umfasst also Werte wie Liebe, Treue, Barmherzigkeit, Güte, Zärtlichkeit. Zwischen uns und Gott existiert demnach ein Verhältnis, das nicht unterkühlt ist, wie etwa zwischen einem Kaiser und seinem Untertan, sondern lebendig, wie die Beziehung, die sich zwischen zwei Freunden, zwischen Eheleuten, zwischen Eltern und Kindern entwickelt.

4. Das zweite Wort – »'emet« – ist fast ein Synonym des ersten. Auch dieser Begriff tritt im Psalter häufig auf, genauer gesagt fast die Hälfte aller Male, an denen

dieses Wort sonst noch im Alten Testament zu finden ist.

¶ Der Begriff an und für sich bezeichnet die »Wahrheit«, also die Echtheit einer Verbindung, ihre Authentizität und Loyalität, die trotz der Hindernisse und Prüfungen erhalten bleibt; es ist die reine und freudeerfüllte Treue, die keine Brüche kennt. Nicht umsonst erklärt der Psalmist, dass sie »in Ewigkeit währt« (vgl. V. 2). Die treue Liebe Gottes wird nie enden, und sie wird uns nicht uns selbst oder der Finsternis der Sinnlosigkeit, eines blinden Schicksals, der Leere und des Todes überlassen.

¶ Gott liebt uns mit einer bedingungslosen Liebe, die keine Müdigkeit kennt und nie erlischt. Das ist die Botschaft unseres Psalms; er ist so kurz wie ein Stoßgebet, aber so bedeutungsvoll wie ein großer Hymnus.

5. Die Worte, die er uns ans Herz legt, sind wie ein Widerhall des Lobgesangs im himmlischen Jerusalem, wo eine große Menge aller Sprachen, Völker und Nationen vor dem Thron Gottes und des Lammes die göttliche Herrlichkeit besingt (vgl. Offb 7,9). Diesem Canticum schließt sich die pilgernde Kirche an mit unzähligen Worten des Lobs, die oft vom dichterischen Genius und von der Musik zum Ausdruck gebracht worden sind. Denken wir – um nur ein Beispiel zu nennen – an das Te Deum, dessen sich viele Generationen von Christen im Laufe der Jahrhunderte bedient haben, um Lob und Dank zu sagen: »Te Deum laudamus, te Dominum confitemur, te aeternum

Patrem omnis terra veneratur.« Der kurze Psalm, über den wir heute nachdenken, ist seinerseits eine wirkungsvolle Zusammenfassung der ewigen Lobesliturgie, mit der die Kirche in der Welt ihre Stimme erhebt und sich dem vollkommenen Lob anschließt, das Christus selbst an den Vater richtet.

¶ Lasst uns also den Herrn loben! Loben wir ihn, ohne müde zu werden. Unser Lob muss jedoch eher durch unser Leben als durch unsere Worte zum Ausdruck kommen. Wir wären nämlich sehr wenig glaubwürdig, wenn wir mit unserem Psalm die Völker dazu einladen wollten, den Herrn zu preisen, und dabei folgende Mahnung Jesu nicht ernst nehmen würden: »So soll euer Licht vor den Menschen leuchten, damit sie eure guten Werke sehen und euren Vater im Himmel preisen« (Mt 5,16). Wenn sie den Psalm 117 singt – wie alle Psalmen, die den Herrn preisen – versucht die Kirche, das Volk Gottes, selbst zum Lobgesang zu werden.

¶ *Der Text, den wir heute betrachten, ist der kürzeste im gesamten Psalter. Er besteht tatsächlich nur aus siebzehn Wörtern. Alle Völker und Nationen auf der ganzen Welt werden zum Lobpreis Gottes aufgerufen. Denn zwischen dem Schöpfer und der Menschheit besteht ein Verhältnis unverbrüchlicher Treue: »Die Treue des Herrn währt in Ewigkeit«.*

¶ *Interessant ist dabei dies: Gottes Treue umfasst alle Menschen. Deswegen sind nicht nur die Israeliten aufgerufen, den Herrn zu loben und zu preisen. Alle Menschen, alle Völker, alle Nationen sollen ihrem Schöpfer in freudiger Dankbarkeit entgegentreten.*

¶ *Wir können hier von einer Ökumene des Gebetes sprechen, die verschiedenste Stämme und Völker in Einheit zusammenbringt.*

Johannes Paul II. am 28. November 2001

Psalm 136,1–9

1 Dankt dem Herrn, denn er ist gütig,
denn seine Huld währt ewig!
2 Dankt dem Gott aller Götter,
denn seine Huld währt ewig!
3 Dankt dem Herrn aller Herren,
denn seine Huld währt ewig!
4 Der allein große Wunder tut,
denn seine Huld währt ewig,
5 der den Himmel geschaffen hat in Weisheit,
denn seine Huld währt ewig,
6 der die Erde über den Wassern gegründet hat,
denn seine Huld währt ewig,
7 der die großen Leuchten gemacht hat,
denn seine Huld währt ewig,
8 die Sonne zur Herrschaft über den Tag,
denn seine Huld währt ewig,
9 Mond und Sterne zur Herrschaft über die Nacht,
denn seine Huld währt ewig.

Liebe Brüder und Schwestern!

1. »Das große Hallel« hieß der feierliche und festliche Lobgesang, den das Judentum in der Paschaliturgie anstimmte. Wir sprechen von Psalm 136, dessen ersten Teil wir soeben gehört haben (vgl. V. 1–9), denn für die Liturgie der Vesper wurde er geteilt.

Wir betrachten zunächst den Kehrvers: »… denn seine Huld währt ewig«. Die Betonung in diesem Satz liegt auf dem Substantiv »Huld«, das die richtige, aber unvollständige Übersetzung des ursprünglichen hebräischen Wortes »hesed« ist. Dieses Wort gehört zum besonderen Sprachgebrauch der Bibel und drückt den Bund zwischen dem Herrn und seinem Volk aus. Der Terminus soll die Verhaltensweisen zeigen, die für diese Verbindung bezeichnend sind: die Treue Gottes, seine Aufrichtigkeit, seine Liebe und natürlich seine Huld.

¶ Wir haben hier eine synthetische Darstellung des tiefen und interpersonalen Bandes vor uns, das der Schöpfer mit seinem Geschöpf geknüpft hat. In dieser Verbindung erscheint Gott in der Bibel nicht als ein gleichgültiger und unnachsichtiger Herr, ebenso wenig als ein dunkles, unerforschliches Wesen, ähnlich dem Schicksal, gegen dessen geheimnisvolle Kraft nicht anzukämpfen ist. Gott erweist sich vielmehr als eine Person, die ihre Geschöpfe liebt, über sie wacht, sie auf dem Weg durch die Geschichte begleitet und unter der Untreue leidet, die das Volk seinem »hesed«, seiner barmherzigen und väterlichen Liebe, oft entgegensetzt.

2. Das erste sichtbare Zeichen dieser göttlichen Liebe – sagt der Psalmist – ist in der Schöpfung zu suchen. Danach ist die Geschichte an der Reihe. Der Blick richtet sich zunächst bewundernd und staunend auf die Schöp-

fung: Himmel, Erde, Wasser, Sonne, Mond und Sterne.

¶ Noch vor der Erkenntnis, dass Gott sich in der Geschichte eines Volkes offenbart, gibt es eine für alle zugängliche kosmische Offenbarung, die der ganzen Menschheit von dem einen Schöpfer, dem »Gott der Götter« und dem »Herrn aller Herren«, angeboten wird (vgl. V. 2–3).

¶ Deshalb heißt es in Psalm 19: »Die Himmel rühmen die Herrlichkeit Gottes, vom Werk seiner Hände kündet das Firmament. Ein Tag sagt es dem andern, eine Nacht tut es der andern kund« (Ps 19,2–3). Es gibt also eine göttliche Botschaft, die der Schöpfung auf verborgene Weise eingeprägt ist als Zeichen des »hesed«, der liebevollen Treue Gottes, der seinen Geschöpfen Sein und Leben, Wasser und Nahrung, Licht und Zeit schenkt.

¶ Man muss offene Augen haben, um diese göttliche Offenbarung zu sehen, während man sich die Mahnung des Buches der Weisheit in Erinnerung ruft, das uns einlädt, »von der Größe und Schönheit der Geschöpfe auf ihren Schöpfer zu schließen« (vgl. Weish 13,5; Röm 1,20). Der Lobpreis geht dann von der Betrachtung der »großen Wunder« Gottes aus (vgl. Ps 136,4), die sich in der Schöpfung entfalten, und verwandelt sich in ein frohes Lob- und Danklied an den Herrn.

3. Von den geschaffenen Werken steigt man also auf zur Erhabenheit Gottes, zu seiner liebevollen Barmherzigkeit.

Das lehren uns die Kirchenväter, in deren Stimme die beständige christliche Tradition erklingt.

¶ Der hl. Basilius der Große verweilt auf einer der ersten Seiten seiner ersten Homilie über das Hexameron, wo er die Schöpfungsgeschichte nach dem ersten Kapitel der Genesis kommentiert, bei dem weisen Handeln Gottes und erkennt in der göttlichen Güte das Antriebszentrum der Schöpfung. Hier einige Sätze aus der langen Reflexion des heiligen Bischofs von Cäsarea in Kappadozien: »›Im Anfang schuf Gott Himmel und Erde.‹ Mir fehlen die Worte, denn ich bin überwältigt von diesem erstaunlichen Gedanken« (1,2,1: Sulla Genesi [Omelie sull'Esamerone], Mailand 1990, S. 9.11). Denn obwohl einige, die »von der Gottlosigkeit im Innersten getäuscht worden waren, sich das Universum ohne Führung und ohne Ordnung wie dem Zufall überlassen vorstellten«, hat der heilige Schriftsteller »uns mit dem Namen Gottes am Anfang der Erzählung sofort den Sinn erhellt, indem er sagte: ›Im Anfang schuf Gott …‹ Wie schön ist doch diese Ordnung!« (1,2,4: ebd., S. 11). »Wenn also die Welt einen Anfang hat und erschaffen wurde, dann suche nach dem, der den Anfang gemacht hat und wer ihr Schöpfer ist … Mose ist dir durch seine Lehre vorausgegangen, indem er in unsere Herzen den heiligsten Namen Gottes als Siegel und Gebetsriemen eindrückte, als er sagte: ›Im Anfang schuf Gott …‹ Die selige Natur, die neidlose Güte, Er, der von allen vernunftbegabten Lebewesen geliebt wird, Er, der die höchste ersehnenswerte Schönheit ist, der Ursprung der Lebewesen, die Quelle des Lebens, das Licht der Vernunft, die unerreichbare Weisheit, Er ist es, der ,im Anfang Himmel und Erde schuf'« (1,2,6–7: ebd., S. 13).

¶ Ich finde, dass die Worte dieses Vaters aus dem Jahrhundert von überraschender Aktualität sind, wenn er sagt: »Einige, von der Gottlosigkeit im Innersten getäuscht, stellten sich das Universum ohne Führung und ohne Ordnung vor, wie dem Zufall überlassen.« Wie zahlreich sind heute diese »einigen« geworden. Vom Atheismus getäuscht, meinen sie und suchen sie zu beweisen, dass es weise ist, zu denken, dass alles ohne Führung und ohne Ordnung ist, gleichsam dem Zufall überlassen. Der Herr weckt durch die Heilige Schrift die schlafende Vernunft, die uns sagt: Am Anfang ist das schöpferische Wort. Und das schöpferische Wort am Anfang – dieses Wort, das alles geschaffen hat, das diesen intelligenten Plan, den Kosmos geschaffen hat – ist auch Liebe.

¶ Lassen wir uns also von diesem Wort Gottes wecken. Bitten wir, dass es unseren Geist erhellt, damit wir diese Botschaft, die auch in unsere Herzen eingeschrieben ist, erfassen, das heißt, dass der Anfang von allem die schöpferische Weisheit ist und dass diese Weisheit Liebe und Güte ist: Denn »seine Huld währt ewig«.

¶ *»Gottes Huld währt ewig!« Dieser Kehrvers prägt den Psalm 136, der der heutigen Katechese zugrunde liegt. Der Kernbegriff »Huld« (hebräisch: »hesed«) drückt die Haltung* *des allmächtigen Gottes aus, der dem Menschen seinen Bund anbietet und ihn durchs Leben führt.*

¶ *Gottes Huld erkennt der Psalmist bereits in der Schöpfung. Aus Liebe hat Gott in seiner Weisheit den Himmel und die Erde geschaffen. Darum lehren die Heilige Schrift und die Tradition der Kirche, dass »sich von der Schönheit der Geschöpfe auf ihren Schöpfer schließen lässt« (Weish 13,5).*

Benedikt XVI. am 9. November 2005

PSALM 139,13–18.23–24

13 Denn du hast mein Inneres geschaffen,
mich gewoben im Schoß meiner Mutter.
14 Ich danke dir, dass du mich so wunderbar gestaltet hast.
Ich weiß: Staunenswert sind deine Werke.
15 Als ich geformt wurde im Dunkeln,
kunstvoll gewirkt in den Tiefen der Erde,
waren meine Glieder dir nicht verborgen.
16 Deine Augen sahen, wie ich entstand,
in deinem Buch war schon alles verzeichnet;
meine Tage waren schon gebildet,
als noch keiner von ihnen da war.
17 Wie schwierig sind für mich, o Gott, deine Gedanken,
wie gewaltig ist ihre Zahl!
18 Wollte ich sie zählen, es wären mehr als der Sand.
Käme ich bis zum Ende, wäre ich noch immer bei dir.
23 Erforsche mich, Gott, und erkenne mein Herz,
prüfe mich und erkenne mein Denken!
24 Sieh her, ob ich auf dem Weg bin, der dich kränkt,
und leite mich auf dem altbewährten Weg!

Liebe Brüder und Schwestern!

1. In dieser Generalaudienz am Mittwoch in der Weihnachtsoktav, dem liturgischen Fest der Unschuldigen Kinder, nehmen wir unsere Meditation über Psalm 139 wieder auf, dessen betende Betrachtung in der Liturgie der Vesper

in zwei getrennten Abschnitten vorgegeben wird. Nachdem wir im ersten Teil (vgl. V. 1–12) den allwissenden und allmächtigen Gott, den Herrn des Seins und der Geschichte, betrachtet haben, richtet dieser Weisheitshymnus von großer Schönheit und tiefer Empfindung den Blick nun auf die höchste und wunderbarste Wirklichkeit des ganzen Universums, den Menschen, der als »Wunder« Gottes bezeichnet wird (vgl. V. 14). Es handelt sich tatsächlich um ein Thema, das in tiefer Übereinstimmung mit der weihnachtlichen Atmosphäre steht, die wir in diesen Tagen erleben, in denen wir das große Geheimnis des Sohnes Gottes feiern, der zu unserem Heil Mensch, ja ein Kind geworden ist. ¶ Nachdem wir den Blick und die Gegenwart des Schöpfers betrachtet haben, die das ganze Universum erfassen, richtet sich der liebevolle Blick Gottes im zweiten Teil, den wir heute meditieren, auf den Menschen, der schon am Anfang seines Daseins vollkommen ist. Er »entstand« im Mutterleib: Das an dieser Stelle verwendete hebräische Wort wurde von einigen Bibelwissenschaftlern als Hinweis auf den »Embryo« verstanden, der mit diesem Begriff als ein kleines zusammengerolltes Oval beschrieben wird, auf das sich aber schon der wohlwollende und liebevolle Blick der Augen Gottes richtet (vgl. V. 16).

2. Um das göttliche Handeln im Mutterleib zu beschreiben, greift der Psalmist auf die klassischen biblischen Bilder zurück, während der Leben schenkende Schoß der

Mutter mit den »Tiefen der Erde« verglichen wird, das heißt mit der unaufhörlichen Lebenskraft der großen Mutter Erde (vgl. V. 15).

¶ Vor allem verweist der Text auf das Symbol des Töpfers und des Bildhauers, der sein Kunstwerk, sein Meisterwerk »formt«, ihm Gestalt verleiht, genau so wie im Buch Genesis über die Erschaffung des Menschen gesagt wird: »Da formte Gott, der Herr, den Menschen aus Erde vom Ackerboden« (Gen 2,7). Auch auf das Symbol des »Webens« wird Bezug genommen, das die Zartheit der Haut, des Fleisches und der Nerven, die über das aus Knochen bestehende Skelett »geflochten« werden, in Erinnerung ruft. Auch Ijob bezieht sich wirkungsvoll auf diese und andere Bilder, um jenes Meisterwerk zu preisen, das die menschliche Person ist, auch wenn sie vom Leiden heimgesucht und verwundet wird: »Deine Hände haben mich gebildet, mich gemacht … Denk daran, dass du wie Ton mich geschaffen hast … Hast du mich nicht ausgegossen wie Milch, wie Käse mich gerinnen lassen? Mit Haut und Fleisch hast du mich umkleidet, mit Knochen und Sehnen mich durchflochten« (Ijob 10,8–11).

3. In unserem Psalm ist die Vorstellung sehr stark, dass Gott schon die gesamte Zukunft des entstehenden Embryos sieht: Im Buch des Lebens des Herrn sind schon alle Tage verzeichnet, die dieses Geschöpf erleben und im Laufe seiner irdischen Existenz mit Taten erfüllen wird. So tritt wie-

der die transzendente Größe des göttlichen Wissens hervor, das nicht nur die Vergangenheit und die Gegenwart der Menschheit umfasst, sondern auch die noch verborgene Zeitspanne der Zukunft. Aber es scheint auch die Größe dieses kleinen, noch nicht geborenen menschlichen Geschöpfes auf, das die Hände Gottes geschaffen haben und dessen Liebe es umfängt: ein biblischer Lobpreis des Menschen vom ersten Augenblick seiner Existenz an.

¶ Jetzt wollen wir uns den Überlegungen anvertrauen, die der hl. Gregor der Große in seinen Homilien zu Ezechiel über den von uns eben kommentierten Psalmvers angestellt hat: »Deine Augen sahen, wie ich entstand, in deinem Buch war schon alles verzeichnet« (V. 16). Zu diesen Worten hat der Papst und Kirchenvater eine originelle und einfühlsame Meditation verfasst über diejenigen, die in der christlichen Gemeinschaft auf ihrem geistlichen Weg die Schwächsten sind.

¶ Er sagt, dass auch sie, die im Glauben und im christlichen Leben schwach sind, ein Teil des Kirchenbaus sind, dass sie »dennoch dazugehören ... kraft ihres guten Wollens. Es ist wahr, sie sind klein und unvollkommen, dennoch lieben sie, soweit sie es verstehen können, Gott und den Nächsten und unterlassen es nicht, das Gute zu tun, das sie tun können. Auch wenn sie noch nicht die geistlichen Gaben erreichen, so dass sie ihren Geist der Vollkommenheit und der Kontemplation öffnen, so weichen sie doch nicht vor der Liebe zu Gott und zum Nächsten zurück, in dem Maße, in dem sie fähig sind, dies zu verstehen. Dadurch geschieht es, dass auch sie zum Aufbau der Kirche beitragen, auch wenn sie an einer weniger wichtigen Stelle stehen. Denn obwohl sie in Bezug auf das Wissen, Prophetie, Wundergabe und vollständige Loslösung von der Welt auf niedrigerer Stufe stehen, ruhen sie doch auf dem Fundament der Furcht und der Liebe, in dem sie ihre Festigkeit finden« (2,3,12–13; vgl. Opere di Gregorio Magno, III/2, Rom 1993, S. 79.81).

¶ Die Botschaft des hl. Gregor ist für uns alle, die wir oft nur mühsam auf dem Weg des geistlichen und des kirchlichen Lebens vorankommen, ein großer Trost. Der Herr kennt uns, und er umgibt uns alle mit seiner Liebe.

¶ *Die Katechese am heutigen Fest der Unschuldigen Kinder befasst sich mit dem zweiten Teil von Psalm 139. Der Psalmist stellt uns darin die allmächtige und liebevolle Zuwendung Gottes vor Augen, die einen jeden Menschen vom Mutterschoß an begleitet. Gott kennt unsere Vergangenheit und hat einen Plan für unser Leben, den er uns Schritt für Schritt zu erkennen gibt. Darum können wir allezeit vertrauensvoll mit dem Psalm beten: »Sieh her, ob ich auf dem Weg bin, der dich kränkt, und leite mich auf dem altbewährten Weg!« (V. 24). Diesen »altbewährten Weg« beschreibt Gregor der Große in einer Predigt: Gott und den Nächsten lieben und das Gute nicht unterlassen, das wir zu tun vermögen.*

Benedikt XVI. am 28. Dezember 2005

Gott
der Ewige

Psalm 131

1 [Ein Wallfahrtslied.]
Herr, mein Herz ist nicht stolz,
nicht hochmütig blicken meine Augen.
Ich gehe nicht um mit Dingen,
die mir zu wunderbar und zu hoch sind.
2 Ich ließ meine Seele ruhig werden und still;
wie ein kleines Kind bei der Mutter
ist meine Seele still in mir.
3 Israel, harre auf den Herrn
von nun an bis in Ewigkeit!

Liebe Brüder und Schwestern!

1. Wir haben nur wenige Worte aus Psalm 131 gehört, im hebräischen Original sind es ungefähr dreißig. Und doch sind es bedeutungsreiche Worte, die ein Thema behandeln, das in der gesamten religiösen Literatur einen hohen Stellenwert einnimmt: die geistliche Kindschaft. Dabei denken wir spontan an die heilige Theresia von Lisieux, an ihren »kleinen Weg«, an ihr »Kleinsein«, um »in den Armen Jesu zu ruhen« (vgl. Manuskript »C«, 2r–3v: Opere complete, Città del Vaticano 1997, S. 235–236).

¶ In der Tat wird im mittleren Teil des Psalms das Bild der Mutter mit ihrem Kind verwendet, Zeichen der zärtlichen und mütterlichen Liebe Gottes, zu der sich bereits der Prophet Hosea geäußert hatte: »Als Israel jung war, gewann ich ihn lieb … Mit menschlichen Fesseln zog ich sie an mich, mit den Ketten der Liebe« (Hos 11,1.4).

2. Zu Beginn des Psalms wird eine innere Haltung beschrieben, die dem Kindsein entgegengesetzt ist, das sich seiner eigenen Schwäche bewusst ist, aber mit Zuversicht auf die Hilfe der anderen baut. Im Psalm ist stattdessen die Rede vom stolzen Herzen, vom hochmütigen Blick und von Dingen, die zu wunderbar und zu hoch sind (vgl. Ps 131,1). Es ist der hochmütige Mensch, der charakterisiert wird durch hebräische Wörter, die für »Hochmut« und »Überheblichkeit« stehen, also für die anmaßende Haltung jener, die auf ihre Mitmenschen mit einem Gefühl der Überlegenheit herabschauen und sie für minderwertig halten.

¶ Die große Versuchung des Hochmütigen, der wie Gott sein und Gut und Böse erkennen will (vgl. Gen 3,5), wird entschlossen zurückgewiesen vom Beter, der sich für ein demütiges und ungezwungenes Vertrauen auf den einen Herrn entscheidet.

3. Damit gehen wir zum unvergesslichen Bild der Mutter mit ihrem Kind über. Im hebräischen Original ist nicht von einem Neugeborenen die Rede, sondern von einem entwöhnten Kind (vgl. Ps 131,2). Es ist bekannt, dass im antiken Vorderen Orient das offizielle Abstillen um das dritte Lebensjahr herum erfolgte und mit einem eigenen Fest

gefeiert wurde (vgl. Gen 21,8; 1 Sam 1,20–23; 2 Makk 7,27). Das kleine Kind, von dem der Psalmist spricht, steht mit der Mutter unterdessen in einer persönlicheren und innigeren Beziehung und nicht in jenem bloßen körperlichen Kontakt, der auf dem Bedürfnis nach Nahrung beruht. Es ist eine bewusstere Bindung, auch wenn sie weiterhin unmittelbar und spontan bleibt. Dies ist das ideale Gleichnis für die wahre »Kindschaft« des Geistes, die sich Gott nicht blind und unüberlegt überantwortet, sondern ruhig und verantwortungsbewusst.

4. An dieser Stelle weitet sich das vertrauensvolle Bekenntnis des Betenden auf die gesamte Gemeinschaft aus: »Israel, harre auf den Herrn von nun an bis in Ewigkeit!« (Ps 131,3). Von dieser Hoffnung wird nun das ganze Volk erfüllt, das von Gott Sicherheit, Leben und Frieden empfängt und von der Gegenwart bis in die Zukunft fortbesteht, »von nun an bis in Ewigkeit«.

¶ Das Gebet lässt sich leicht fortsetzen, indem wir weitere Stimmen des Psalters erklingen lassen, die vom selben Vertrauen in Gott erfüllt sind: »Von Geburt an bin ich geworfen auf dich, vom Mutterleib an bist du mein Gott« (Ps 22,11). »Wenn mich auch Vater und Mutter verlassen, der Herr nimmt mich auf« (Ps 27,10). »Herr, mein Gott, du bist ja meine Zuversicht, meine Hoffnung von Jugend auf. Vom Mutterleib an stütze ich mich auf dich, vom Mutterschoß an bist du mein Beschützer …« (Ps 71,5–6).

5. Dem demütigen Vertrauen steht, wie wir gesehen haben, der Hochmut entgegen. Ein christlicher Schriftsteller des vierten/fünften Jahrhunderts, Johannes von Cassian, belehrt die Gläubigen über die Schwere dieses Lasters, das »alle Tugenden in ihrer Gesamtheit zerstört und das nicht nur die Mittelmäßigen und Schwachen befällt, sondern vor allem jene, die sich mit dem Gebrauch ihrer Kräfte an die Spitze gestellt haben«. Und er fährt fort: »Das ist der Grund dafür, dass der selige David mit so viel Umsicht sein Herz hütet und es sogar wagt, vor Ihm, der ganz bestimmt um die Geheimnisse seines Herzens weiß, zu verkünden: ›Herr, mein Herz ist nicht stolz, nicht hochmütig blicken meine Augen. Ich gehe nicht um mit Dingen, die mir zu wunderbar und zu hoch sind‹ … Und obwohl er sehr wohl weiß, wie schwierig dieser Schutz des eigenen Herzens auch für vollkommene Menschen ist, maßt er sich nicht an, sich einzig und allein auf seine eigenen Kräfte zu stützen, sondern er fleht in seinen Gebeten den Herrn an, ihm zu helfen, damit es ihm gelinge, den Pfeilen des Feindes zu entkommen und nicht von ihnen verletzt zu werden: ›Lass mich nicht kommen unter den Fuß der Stolzen‹ (Ps 36,12)« (Le istituzioni cenobitiche, XII, 6, Abbazia di Praglia, Brasseo di Teolo – Padua 1989, S. 289).

¶ In ähnlicher Weise ist uns von einem anonymen Wüstenvater diese Erklärung überliefert, die an Psalm 131 erinnert: »Ich habe nie über meinen Rang erhoben, um weiter oben zu sein, und Demütigungen konnten mich nie erschüttern, denn mein einziger Gedanke bestand darin: den Herrn darum zu bitten, mich vom alten Menschen zu befreien« (I Padri del deserto, Detti, Rom 1980, S. 287).

¶ *Am Beginn der heutigen Audienz steht Psalm 131. Dieses Lied vermittelt uns in nur drei Versen einprägsam, welche innere Haltung wir Menschen vor Gott einnehmen sollen: »Wie ein kleines Kind bei der Mutter« (Ps 131,2), so ruhig kann unsere Seele bei Gott werden; denn er hebt uns an seine Wange, er neigt sich herab und gibt uns Speise (vgl. Hos 11,4). Der Psalmist selbst lebt als Kind Gottes. Darum kann er auch am Ende seines Gebets ganz Israel dazu einladen, in allen Umständen auf den Herrn zu hoffen.*

¶ *Seit Beginn des Menschengeschlechts besteht die Versuchung gegen die Gotteskindschaft in der Selbstüberschätzung. Der stolze Mensch glaubt, nicht auf Gott angewiesen zu sein. Oft müht er sich vergeblich ab, um allein mit den eigenen Kräften ans Ziel zu gelangen. Das kindliche Gottvertrauen setzt hingegen eine entschiedene Absage an den Hochmut voraus. Nur so kann unsere Seele Ruhe bei Gott finden.*

Benedikt XVI. am 10. August 2005

Psalm 132

1 [Ein Wallfahrtslied.]
O Herr, denk an David,
denk an all seine Mühen,
2 wie er dem Herrn geschworen,
dem starken Gott Jakobs gelobt hat:
3 »Nicht will ich mein Zelt betreten
noch mich zur Ruhe betten,
4 nicht Schlaf den Augen gönnen
noch Schlummer den Lidern,
5 bis ich eine Stätte finde für den Herrn,
eine Wohnung für den starken Gott Jakobs.«
6 Wir hörten von seiner Lade in Efrata,
fanden sie im Gefilde von Jáar.
7 Lasst uns hingehen zu seiner Wohnung
und niederfallen vor dem Schemel seiner Füße!
8 Erheb dich, Herr, komm an den Ort deiner Ruhe,
du und deine machtvolle Lade!
9 Deine Priester sollen sich bekleiden mit Gerechtigkeit
und deine Frommen sollen jubeln.
10 Weil David dein Knecht ist,
weise deinen Gesalbten nicht ab!
11 Der Herr hat David geschworen,
einen Eid, den er niemals brechen wird:
»Einen Spross aus deinem Geschlecht
will ich setzen auf deinen Thron.

12 Wenn deine Söhne meinen Bund bewahren,
mein Zeugnis, das ich sie lehre,
dann sollen auch ihre Söhne
auf deinem Thron sitzen für immer.«
13 Denn der Herr hat den Zion erwählt,
ihn zu seinem Wohnsitz erkoren:
14 »Das ist für immer der Ort meiner Ruhe;
hier will ich wohnen, ich hab ihn erkoren.
15 Zions Nahrung will ich reichlich segnen,
mit Brot seine Armen sättigen.
16 Seine Priester will ich bekleiden mit Heil,
seine Frommen sollen jauchzen und jubeln.
17 Dort lasse ich Davids Macht erstarken
und stelle für meinen Gesalbten ein Licht auf.
18 Ich bedecke seine Feinde mit Schande;
doch auf ihm erglänzt seine Krone.«

Liebe Brüder und Schwestern!

1. Wir haben den ersten Teil von Psalm 132 gehört, einem Hymnus, der in der Liturgie der Vesper an zwei verschiedenen Stellen vorkommt. Nicht wenige Experten meinen, dass dieses Lied bei der feierlichen Übertragung der Bundeslade des Herrn erklungen ist, die Zeichen für die Gegenwart Gottes unter dem Volk Israel in Jerusalem, der von David gewählten Hauptstadt, war.

¶ In der Erzählung dieses Ereignisses, wie es uns von der Bibel berichtet wird, ist zu lesen: König David »tanzte mit ganzer Hingabe vor dem Herrn her und trug dabei das leinene Efod. So brachten David und das ganze Haus Israel die Lade des Herrn unter Jubelgeschrei und unter dem Klang des Widderhorns hinauf« (2 Sam 6,14–15).
Andere Gelehrte hingegen führen Psalm 132 auf eine Feier zum Gedächtnis an dieses frühere Ereignis zurück, nachdem David den Gottesdienst im Heiligtum von Zion eingerichtet hatte.

2. Der genannte Hymnus scheint eine liturgische Dimension vorauszusetzen. Wahrscheinlich wurde er bei Prozessionen gesungen, bei denen Priester und Gläubige anwesend waren unter Beteiligung eines Chores.
¶ Der Liturgie der Vesper folgend, betrachten wir nun die ersten zehn Psalmverse, die uns soeben zu Gehör gebracht worden sind. Mittelpunkt dieses Abschnitts ist der von David feierlich geleistete Schwur. Denn es heißt, dass er – nachdem er den schweren Konflikt mit seinem Vorgänger König Saul hinter sich gebracht hatte – »dem Herrn geschworen, dem starken Gott Jakobs gelobt hat« (Ps 132,2). Der Inhalt dieser in den Versen 3–5 ausgesprochenen feierlichen Verpflichtung ist eindeutig: Der Herrscher wird den Königspalast von Jerusalem nicht betreten und sich nicht zur Ruhe begeben, bevor nicht eine Stätte für die Lade des Herrn gefunden ist.

¶ Das ist sehr wichtig, weil es zeigt, dass es im Mittelpunkt des sozialen Lebens einer Stadt, einer Gemeinschaft, eines Volkes eine Gegenwart geben muss, die das Geheimnis des transzendenten Gottes in Erinnerung ruft, das heißt ein Raum für Gott, eine Wohnung für Gott. Der Mensch kommt ohne Gott nicht vorwärts, er muss in der Geschichte mit Gott gemeinsam auf dem Weg sein, und der Tempel, die Wohnung Gottes, hat die Aufgabe, diese Gemeinschaft, dieses Sich-von-Gott-Führen-Lassen, sichtbar zu machen.

3. An dieser Stelle wird, nachdem die Worte Davids erklungen sind, vielleicht durch den Text eines liturgischen Chors, das Gedächtnis der Vergangenheit lebendig. Denn es wird an die Auffindung der Lade im Gefilde von Jáar in der Region Efrata erinnert (vgl. V. 6). Dort war die Lade lange geblieben, nachdem die Philister sie an Israel zurückgegeben hatten, das sie zuvor in einer Schlacht verloren hatte (vgl. 1 Sam 7,1; 2 Sam 6,2.11). Sie wird also aus dem Hinterland in die zukünftige Heilige Stadt überführt, und unser Hymnus endet mit einer fröhlichen Feier, die auf der einen Seite das betende Volk (vgl. Ps 132,7.9), das heißt die liturgische Versammlung, und auf der anderen Seite den Herrn zeigt, der im Zeichen der auf Zion aufgestellten Bundeslade und damit unter seinem Volk wieder gegenwärtig ist und wirkt (vgl. V. 8).

¶ Das Wesentliche der Liturgie ist diese Beziehung zwischen Priestern und Gläubigen einerseits und dem Herrn in seiner Macht anderseits.

4. Zur Besiegelung des ersten Teils von Psalm 132 erklingt ein Bittgebet für die Könige, die David nachfolgen: »Weil David dein Knecht ist, weise deinen Gesalbten nicht ab« (V. 10). Man sieht also den kommenden Nachfolger Davids, »deinen Gesalbten«.

¶ Es ist leicht, in diesem Gebet, das anfangs dazu bestimmt war, für den jüdischen Herrscher Hilfe in den Prüfungen des Lebens zu erflehen, eine messianische Dimension zu vermuten. Denn der Begriff »Gesalbter« ist die Übersetzung des jüdischen »Messias«. So geht der Blick des Beters über die Ereignisse im Reich Juda hinaus und richtet sich auf die große Erwartung des vollkommenen »Gesalbten«, des Messias, der bei Gott immer Gefallen finden und von ihm geliebt und gesegnet sein wird. Und er wird nicht nur für Israel, sondern für die ganze Welt der »Gesalbte«, der König sein. Er, Gott, ist mit uns, und man erwartet diesen »Gesalbten«, der dann in der Person Jesu Christi gekommen ist.

5. Diese messianische Interpretation im Hinblick auf den künftigen »Gesalbten« wird in der christlichen Schriftauslegung vorherrschen und sich auf den ganzen Psalm erstrecken.

¶ Bedeutsam ist zum Beispiel, wie Esychios von Jerusalem, ein Priester der ersten Hälfte des fünften Jahrhunderts, Vers 8 auf die Menschwerdung Christi bezieht. In seiner zweiten Homilie über die Gottesmutter wendet er sich an die Jungfrau: »Dich und den von dir Geborenen besingt David unablässig mit der Zither: ›Erheb dich, Herr, komm an den Ort deiner Ruhe, du und deine machtvolle Lade!‹ (Ps 132,8).« Wer ist diese »machtvolle Lade«? Esychios antwortet: »Offensichtlich die Jungfrau, die Mutter Gottes. Denn wenn du die Perle bist, ist sie mit gutem Recht die Lade; wenn du die Sonne bist, wird die Jungfrau notwendigerweise Himmel genannt; und wenn du die unberührte Blume bist, wird die Jungfrau die unvergängliche Pflanze sein, das Paradies der Unsterblichkeit« (Testi mariani del primo millennio, I, Rom 1988, S. 532–533).

¶ Mir scheint diese zweifache Auslegung sehr wichtig. Der »Gesalbte« ist Christus. Christus, der Sohn Gottes selbst, ist Mensch geworden. Und die Bundeslade, die wahre Wohnung Gottes in der Welt, nicht aus Holz, sondern aus Fleisch und Blut, ist die Gottesmutter, die sich dem Herrn als Bundeslade anbietet und lädt uns ein, ebenfalls lebendige Wohnung Gottes in der Welt zu sein.

¶ *Das alttestamentliche Volk Israel hegt eine starke Sehnsucht nach Gottes Nähe. Psalm 132, der uns soeben zu Gehör gebracht wurde, steht im Kontext der liturgischen Erinnerung Israels an den feierlichen Einzug der Bundeslade, die das Zeichen der göttlichen Gegenwart in Jerusalem ist. Die Beter machen sich den Schwur des Königs zu eigen: »Nicht will ich mein Zelt betreten …, bis ich eine Stätte finde für den Herrn« (V. 5). Im Herzen der Gemeinschaft muss es einen Ort geben, an dem die Menschen dem transzendenten Gott begegnen können.*

¶ *Mit der Berufung auf die Erwählung König Davids verbindet sich die innige Bitte an Jahwe, immer bei seinem Volk zu bleiben. Die »machtvolle Lade« ist ein Unterpfand für Gerechtigkeit und Frieden in einer Gemeinschaft, die in Gott ihren Ursprung und ihr Ziel hat. Die christliche Gebetstradition nimmt diese Anrufung auf. Sie erblickt in der Bundeslade die jungfräuliche Gottesmutter Maria, in der das göttliche Wort Fleisch geworden, ist um unter uns zu wohnen.*

BENEDIKT XVI. AM 14. SEPTEMBER 2005

Psalm 137,1–6

1 An den Strömen von Babel,
da saßen wir und weinten,
wenn wir an Zion dachten.
2 Wir hängten unsere Harfen
an die Weiden in jenem Land.
3 Dort verlangten von uns die Zwingherren Lieder,
unsere Peiniger forderten Jubel:
»Singt uns Lieder vom Zion!«
4 Wie könnten wir singen die Lieder des Herrn,
fern, auf fremder Erde?
5 Wenn ich dich je vergesse, Jerusalem,
dann soll mir die rechte Hand verdorren.
6 Die Zunge soll mir am Gaumen kleben,
wenn ich an dich nicht mehr denke,
wenn ich Jerusalem nicht
zu meiner höchsten Freude erhebe.

Liebe Brüder und Schwestern!

1. An diesem ersten Mittwoch im Advent, der liturgischen Zeit der Stille, des Wachens und Betens in Vorbereitung auf Weihnachten, betrachten wir Psalm 137, der in der lateinischen Fassung seiner Anfangsworte berühmt geworden ist: »Super flumina Babylonis – An den Strömen von Babel«. Der Text erinnert an die Tragödie, die das jüdische Volk während der Zerstörung Jerusalems im

Jahr 586 v. Chr. und der anschließenden Babylonischen Gefangenschaft erlebte. Wir haben das Klagelied eines Volkes vor uns, das von einer herben Sehnsucht nach dem Verlorenen gezeichnet ist.
Dieser gramerfüllte Bittruf an den Herrn, seine Gläubigen aus der babylonischen Sklaverei zu befreien, drückt auch die Gefühle der Hoffnung und Heilserwartung aus, mit denen wir unseren adventlichen Weg begonnen haben.

¶ Der erste Teil des Psalms (vgl. V. 1–4) hat als Hintergrund das Land des Exils mit seinen Flüssen und Kanälen, die die babylonische Ebene bewässerten, den Ort der verschleppten Juden. Es ist wie die symbolische Vorwegnahme der Vernichtungslager, in denen das jüdische Volk – in dem gerade erst hinter uns gelassenen Jahrhundert – einer abscheulichen Vernichtungsaktion ausgesetzt war, die als eine unauslöschliche Schande in der Geschichte der Menschheit geblieben ist.

¶ Der zweite Teil des Psalms (vgl. V. 5–6) hingegen ist von der liebevollen Erinnerung an Zion erfüllt, die verlorene Stadt, die aber im Herzen der Verbannten weiterlebt.

2. Nach den Worten des Psalmisten sind dabei die Hand, die Zunge, der Gaumen, die Stimme, die Tränen in Mitleidenschaft gezogen. Die Hand ist für den Harfenspieler unentbehrlich: Aber nun ist sie vom Schmerz gelähmt (vgl. V. 5), auch weil die Harfen an die Weiden gehängt wurden.

¶ Die Zunge ist für den Sänger notwendig, aber nun klebt sie am Gaumen (vgl. V. 6). Vergeblich verlangen die babylonischen Zwingherren von ihnen »Lieder ..., Lieder vom Zion« (V. 3). Die »Lieder vom Zion« sind »Lieder des Herrn« (vgl. V. 3–4), keine volkstümlichen, zur Unterhaltung bestimmten Lieder. Sie können nur im Gottesdienst und in der Freiheit eines Volkes zum Himmel aufsteigen.

3. Gott, der höchste Herr über die Geschichte, wird nach dem Maße seiner Gerechtigkeit auch den Schrei der Opfer – trotz der bitteren Akzente, die er bisweilen annimmt – verstehen und erhören können.

¶ Wir wollen uns für eine weitere Betrachtung über unseren Psalm dem hl. Augustinus anvertrauen. In sie führt der große Kirchenvater eine überraschende und hochaktuelle Bemerkung ein: Er weiß, dass es auch unter den Bewohnern von Babylon Menschen gibt, die sich für den Frieden und das Gemeinwohl einsetzen, obwohl sie den biblischen Glauben nicht teilen, also die Hoffnung auf die ewige Stadt, nach der wir streben, nicht kennen. Sie tragen in sich einen Funken von Sehnsucht nach dem Unbekannten, dem Größten, dem Transzendenten, nach einer wahren Erlösung. Und Augustinus sagt, dass es sogar unter den Verfolgern, unter den Nichtgläubigen Menschen mit diesem Funken, mit einer Art von Glauben und Hoffnung gebe, soweit es ihnen unter ihren Lebensumständen möglich sei. Mit diesem Glauben an eine, wenngleich unbekannte Wirklichkeit sind sie tatsächlich auf dem Weg zum wahren Jerusalem, zu Christus. Und mit dieser hoffnungsvollen Offenheit auch gegenüber den Babyloniern – wie Augustinus sie nennt – gegenüber jenen, die Christus und auch Gott nicht kennen und sich trotzdem nach dem Unbekannten, nach dem Ewigen sehnen, richtet er auch an uns die Mahnung, nicht nur auf die materiellen Dinge des gegenwärtigen Augenblicks zu starren, sondern auf dem Weg zu Gott auszuharren. Nur mit dieser größten Hoffnung können wir auch diese Welt in der richtigen Weise verändern. Der hl. Augustinus sagt das mit folgenden Worten: »Wenn wir Bürger Jerusalems sind … und auf dieser Erde, in den Wirren der heutigen Welt, im gegenwärtigen Babylon leben müssen, wo wir nicht als Bürger weilen, sondern gefangen gehalten werden, dann müssen wir alles, was der Psalm sagt, nicht nur singen, sondern es leben: Das geschieht mit einer tiefen Bestrebung des Herzens, das erfüllt ist von frommer Sehnsucht nach der ewigen Stadt.«

¶ Und mit Blick auf die »irdische Stadt, die da heißt Babylon« fügt er hinzu: sie »hat Menschen, die sich, von Liebe zu ihr bewegt, bemühen, ihren Frieden – den zeitlichen Frieden – dadurch zu gewährleisten, dass sie im Herzen keine andere Hoffnung hegen, ja ihre ganze Freude da hineinlegen, ohne sich etwas anderes vorzunehmen. Und wir sehen, wie sie sich alle Mühe geben, um sich für die irdische Gesellschaft nützlich zu machen. Wenn sie sich mit reinem Gewissen für diese Aufgaben verwenden, wird Gott nicht zulassen, dass sie mit Babylon zugrunde gehen, nachdem er sie vorher dazu bestimmt hat, Bürger Jerusalems zu sein: allerdings unter der Voraussetzung, dass sie, während sie in Babylon leben, nicht dessen Stolz, vergänglichen Prunk und ärgerliche Überheblichkeit anstreben ... Er sieht ihre Knechtschaft und wird ihnen jene andere Stadt zeigen, nach der sie sich wirklich sehnen und auf die sie alle Mühe richten müssen« (Esposizioni sui Salmi, 136 [137], 1–2: Nuova Biblioteca Agostiniana, XXVIII, Rom 1977, S. 397-399).

¶ Bitten wir den Herrn, dass in uns allen diese Sehnsucht, diese Offenheit gegenüber Gott erwache und dass auch jene, die Christus nicht kennen, von seiner Liebe berührt werden können, so dass wir alle gemeinsam zur endgültigen Stadt pilgern und das Licht dieser Stadt auch in unserer Zeit und in unserer Welt sichtbar werden kann.

¶ *Unsere erste Katechese im Advent – der Zeit der Stille, des Wachens und des Betens in der Vorbereitung auf Weihnachten – gilt dem Psalm 137. Dieses Lied handelt vom leidvollen Weg des Volkes Israel in der babylonischen Gefangenschaft und von seiner Sehnsucht nach der Heimat.*

¶ *Angesichts der Verbannung versagen dem Psalmisten Stimme, Mund und Hand: »Wie könnten wir singen die Lieder des Herrn, fern, auf fremder Erde?« (V. 4). Israels Lieder vom Zion sind kein Spektakel zur Unterhaltung der Peiniger; sie können nur in der Freiheit und zum Lob Gottes erklingen.*

Psalm 137,1–6

Der Herr zeigt denen, die sich mit reinem Gewissen um das irdische Wohl der Menschen mühen, den Ort, den sie ersehnen und auf den sie ihr ganzes Streben ausrichten müssen.

Benedikt XVI. am 30. November 2005

Psalm 139,1–12

1 [Für den Chormeister. Ein Psalm Davids.]
Herr, du hast mich erforscht und du kennst mich.
2 Ob ich sitze oder stehe, du weißt von mir.
Von fern erkennst du meine Gedanken.
3 Ob ich gehe oder ruhe, es ist dir bekannt;
du bist vertraut mit all meinen Wegen.
4 Noch liegt mir das Wort nicht auf der Zunge –
du, Herr, kennst es bereits.
5 Du umschließt mich von allen Seiten
und legst deine Hand auf mich.
6 Zu wunderbar ist für mich dieses Wissen,
zu hoch, ich kann es nicht begreifen.
7 Wohin könnte ich fliehen vor deinem Geist,
wohin mich vor deinem Angesicht flüchten?
8 Steige ich hinauf in den Himmel, so bist du dort;
bette ich mich in der Unterwelt, bist du zugegen.
9 Nehme ich die Flügel des Morgenrots
und lasse mich nieder am äußersten Meer,
10 auch dort wird deine Hand mich ergreifen
und deine Rechte mich fassen.
11 Würde ich sagen: »Finsternis soll mich bedecken,
statt Licht soll Nacht mich umgeben«,
12 auch die Finsternis wäre für dich nicht finster,
die Nacht würde leuchten wie der Tag,
die Finsternis wäre wie Licht.

Liebe Brüder und Schwestern!

1. In zwei verschiedenen Schritten bietet uns das Stundengebet der Vesper – deren Psalmen und Cantica wir betrachten – die Lesung eines Weisheitshymnus von klarer Schönheit und starker emotionaler Wirkung: den 139. Psalm. Vor uns haben wir heute den ersten Teil dieses Textes (vgl. V. 1–12), also die ersten beiden Strophen, die die Allwissenheit Gottes (vgl. V. 1–6) und seine Allgegenwart in Raum und Zeit (vgl. V. 7–12) preisen.

¶ Die Kraft der Bilder und Ausdrücke dient dem Lobpreis des Schöpfers: »Wenn die geschaffenen Werke so großartig sind« – erklärt Theodoret von Kyros, christlicher Schriftsteller des fünften Jahrhunderts – »wie großartig muss dann erst ihr Schöpfer sein!« (Reden über die Vorsehung, 4, in: Collana di Testi Patristici, LXXV, Rom 1988, S. 115). Die Betrachtung des Psalmisten zielt vor allem darauf ab, in das Geheimnis des transzendenten, uns aber dennoch nahen Gottes einzudringen.

2. Die wesentliche Aussage der Botschaft, die er uns bietet, ist eindeutig: Gott weiß alles und ist an der Seite seines Geschöpfes gegenwärtig, das sich ihm nicht entziehen kann. Seine Gegenwart bedeutet jedoch nicht Bedrohung oder Kontrolle; gleichwohl richtet er sicher seinen strengen Blick auf das Böse, dem er nicht gleichgültig gegenübersteht.

¶ Doch das eigentliche Element ist eine heilbringende Gegenwart, die das ganze Sein und die ganze Geschichte zu umfangen vermag. Das ist faktisch das geistliche Szenarium, auf das der hl. Paulus in seiner Rede vor dem Areopag in Athen mit dem Zitat eines griechischen Dichters anspielt: »Denn in ihm leben wir, bewegen wir uns und sind wir« (Apg 17,28).

3. Der erste Abschnitt (vgl. Ps 139,1–6) ist, wie gesagt, der Lobpreis auf die göttliche Allwissenheit: In der Tat wiederholen sich hier die Worte, die mit der Erkenntnis in Zusammenhang stehen, wie: »erforschen«, »kennen«, »wissen«, »ergründen«, »begreifen«, »Weisheit«. Die biblische Erkenntnis geht bekanntlich über das bloße verstandesmäßige Lernen und Verstehen hinaus; sie ist so etwas wie eine Gemeinschaft zwischen Erkennendem und Erkanntem: Der Herr ist uns also während unseres Denkens und Handelns in enger Vertrautheit nahe.

¶ Der göttlichen Allgegenwart ist der zweite Abschnitt unseres Psalms gewidmet (vgl. V. 7–12). In ihm wird auf lebendige Weise der illusorische Wille des Menschen beschrieben, sich jener Gegenwart zu entziehen. Das ganze Universum wird durchquert: Da ist zunächst die vertikale Achse »Himmel – Unterwelt« (vgl. V. 8); auf sie folgt dann die horizontale Dimension, die vom Morgenrot, also vom Osten, ausgeht und bis »zum äußersten Meer«, dem Mittelmeer, also dem Westen, reicht (vgl. V. 9). Jeder, selbst der verborgenste Teil des Raumes, birgt in sich eine tätige Gegenwart Gottes.

¶ Der Psalmist führt im weiteren auch die andere Wirklichkeit an, in der wir uns befinden: die Zeit; sie wird durch symbolhafte Bilder der Nacht und des Lichts, der Finsternis und des Tages dargestellt (vgl. V. 11–12). Selbst die Dunkelheit, in der man nur mühsam vorankommt und einem das Sehen schwer fällt, wird vom Blick und von der Epiphanie des Herrn des Seins und der Zeit durchdrungen. Seine Hand ist immer bereit, die unsere zu ergreifen, um uns auf unserem irdischen Weg zu führen (vgl. V. 10). Deshalb bedeutet seine Nähe nicht Verurteilung, die Schrekken einflößt, sondern Hilfe und Befreiung. So können wir verstehen, was letztlich der wesentliche Inhalt dieses Psalms ist: Er ist ein Hymnus vertrauensvoller Zuversicht. Gott ist immer bei uns. Selbst in den dunkelsten Nächten unseres Lebens verlässt er uns nicht. Sogar in den schwierigsten Augenblicken ist er zugegen. Und auch in der letzten Nacht, in der äußersten Einsamkeit, in der uns niemand begleiten kann, in der Nacht des Todes, verlässt uns der Herr nicht. Er begleitet uns auch in dieser äußersten Einsamkeit der Todesnacht. Deshalb können wir Christen Vertrauen haben: Wir werden niemals allein gelassen. Die Güte Gottes steht uns immer zur Seite.

4. Wir haben mit einem Zitat des christlichen Schriftstellers Theodoret von Kyros begonnen. Zum Abschluss vertrauen wir uns noch einmal ihm und seiner vierten Rede über die göttliche Vorsehung an, denn das ist ja letzten En-

des das Thema des Psalms. Er verweilt bei Vers 6, in dem der Beter ausruft: »Zu wunderbar ist für mich dieses Wissen, zu hoch, ich kann es nicht begreifen.« Theodoret kommentiert diese Stelle, indem er auf die Innerlichkeit des Gewissens und der persönlichen Erfahrung eingeht. Er sagt: »Nachdem ich den Blick auf mich selbst gerichtet hatte, mir selbst eng vertraut geworden war und mich vom äußeren Lärm entfernt hatte, wollte ich mich in die Betrachtung meiner Natur versenken … Während ich über diese Dinge nachsinne und an den harmonischen Einklang zwischen der sterblichen und der unsterblichen Natur denke, fühle ich mich überwältigt von diesem großen Wunder und, da ich dieses Geheimnis nicht zu durchschauen vermag, gebe ich meine Niederlage zu. Mehr noch: Während ich den Sieg der Weisheit des Schöpfers verkünde und ihm Lobeshymnen singe, rufe ich aus: ›Zu wunderbar ist für mich dieses Wissen, zu hoch, ich kann es nicht begreifen.‹« (a.a.O., S. 116.117).

¶ *Vor dem geistigen Auge des Beters von Psalm 139 steht das Geheimnis des transzendenten und zugleich nahen Gottes. Der Herr ist allwissend und allgegenwärtig. Der Schöpfer pflegt einen vertrauten Umgang mit seiner Schöpfung. Sein göttliches Wissen begleitet das Denken und Handeln der Menschen. Gottes Kommen in diese Welt erleuchtet und verwandelt unsere Existenz. Seine Hand hält uns und geleitet uns auf den rechten Weg zum Leben und zur wahren Freiheit.*

¶ *»Zu wunderbar ist für mich dieses Wissen, zu hoch, ich kann es nicht begreifen« (V. 6), so ruft der Psalmist in heiliger Ehrfurcht. Gott ist dem Menschen zuinnerst nahe. Diese Erfahrung führt den Beter dazu, sich von allzu äußerem Tun abzuwenden und vor dem Wunder niederzuknien, das Gott vollbringt, der in der Menschwerdung seines eingeborenen Sohns die sterbliche Natur mit seiner Unsterblichkeit versöhnt.*

Benedikt XVI. am 14. Dezember 2005

Psalm 144,9–15

9 Ein neues Lied will ich, o Gott, dir singen,
auf der zehnsaitigen Harfe will ich dir spielen,
10 der du den Königen den Sieg verleihst
und David, deinen Knecht, errettest.
Vor dem bösen Schwert
11 errette mich, entreiß mich der Hand der Fremden!
Alles, was ihr Mund sagt, ist Lüge,
Meineide schwört ihre Rechte.
12 Unsre Söhne seien wie junge Bäume,
hoch gewachsen in ihrer Jugend,
unsre Töchter wie schlanke Säulen,
die geschnitzt sind für den Tempel.
13 Unsre Speicher seien gefüllt,
überquellend von vielerlei Vorrat;
unsre Herden mögen sich tausendfach mehren,
vieltausendfach auf unsren Fluren.
14 Unsre Kühe mögen tragen,
ohne zu verwerfen und ohne Unfall;
kein Wehgeschrei werde laut auf unsern Straßen.
15 Wohl dem Volk, dem es so ergeht,
glücklich das Volk, dessen Gott der Herr ist!

Liebe Brüder und Schwestern!

1. Heute geht die Gebetswoche für die Einheit der Christen zu Ende, in der wir über die Notwendigkeit nachge-

dacht haben, beständig vom Herrn das große Geschenk der vollen Einheit unter allen Jüngern Christi zu erflehen. Denn das Gebet trägt entscheidend dazu bei, dass der gemeinsame ökumenische Einsatz der Kirchen und kirchlichen Gemeinschaften aufrichtiger und reich an Früchten ist.

¶ Bei dieser unserer Begegnung wollen wir die Betrachtung von Psalm 144 wiederaufnehmen, den die Liturgie der Vesper uns in zwei Teilen vorstellt (vgl. V. 1–8 und V. 9–15). Der hymnische Ton wird beibehalten und auch in diesem zweiten Teil des Psalms tritt die Person des »Gesalbten« schlechthin in Erscheinung, Jesus, der alle an sich zieht, damit alle eins sind (vgl. Joh 17,11.21). Nicht umsonst ist die das Lied beherrschende Szene gekennzeichnet von Wohlergehen und Frieden, den untrüglichen Zeichen der messianischen Zeiten.

2. Deshalb wird das Lied als »neu« bezeichnet, ein Begriff, der in der Bibel nicht so sehr an die äußerliche Neuheit der Worte denken lässt, sondern an die letzte Fülle, mit der die Hoffnung besiegelt wird (vgl. V. 9). Es wird also das Ziel der Geschichte besungen, wenn schließlich die Stimme des Bösen zum Schweigen gebracht wird, die der Psalmist mit der »Lüge« und dem »Meineid« beschreibt, Ausdrücke, die auf den Götzendienst hinweisen (vgl. V. 11).

¶ Aber auf diesen negativen Aspekt folgt, sehr viel mehr Raum einnehmend, die positive Seite der neuen, von Freude erfüllten Welt, die sich durchsetzen wird. Das ist der wahre »shalom«, das heißt der messianische »Frieden«, ein lichtvoller Ausblick, der sich zusammensetzt aus einer Abfolge von verschiedenen Facetten des sozialen Lebens: Sie können auch für uns zum Wunsch nach dem Entstehen einer gerechteren Gesellschaft werden.

3. Da ist vor allem die Familie (vgl. V. 12), die auf die Lebenskraft der Nachkommen gegründet ist. Die Söhne, die Hoffnung der Zukunft, werden mit hochgewachsenen Bäumen verglichen; die Töchter werden dargestellt als starke Säulen, die den Bau des Hauses tragen, ähnlich wie die Säulen eines Tempels. Nach der Familie folgt das wirtschaftliche Leben, das Land mit seinen in den Speichern gesammelten Erträgen, mit den Fluren, auf denen die Herden weiden, und den Arbeitstieren, die auf den fruchtbaren Feldern dahinziehen (vgl. V. 13–14a).

¶ Der Blick richtet sich dann auf die Stadt, das heißt auf die gesamte bürgerliche Gemeinschaft, die endlich das wertvolle Geschenk des Friedens und der öffentlichen Ruhe genießt. Nie wieder wird es Breschen geben, die die eindringenden Feinde bei einem Angriff auf die Stadt in die Mauern schlagen; vorbei sind die Überfälle, die Plünderung und Verschleppung mit sich bringen, und schließlich gibt es kein »Wehgeschrei« der Verzweifelten, Verletzten, der Opfer und Waisen mehr, jene traurige Hinterlassenschaft des Krieges (vgl. V. 14b).

4. Diese Schilderung einer anderen, jedoch im Bereich des Möglichen liegenden Welt, wird dem Werk des Messias anvertraut und auch dem seines Volkes. Wir müssen alle gemeinsam unter der Führung Christi, des Messias, für diesen Plan der Eintracht und des Friedens arbeiten, indem wir dem zerstörerischen Wirken des Hasses, der Gewalt und des Krieges Einhalt gebieten. Dafür ist es aber nötig, eine Entscheidung zu treffen und sich auf die Seite des Gottes der Liebe und der Gerechtigkeit zu stellen.

¶ Deshalb schließt der Psalm mit den Worten: »Glücklich das Volk, dessen Gott der Herr ist!« Gott ist das Gut der Güter, das höchste Gut, die Voraussetzung für alle anderen Güter. Nur ein Volk, das Gott kennt und die spirituellen und sittlichen Werte verteidigt, kann wirklich zu einem tiefen Frieden gelangen und auch zu einer Kraft des Friedens für die Welt, für andere Völker werden. Dann kann es mit dem Psalmisten das »neue Lied« anstimmen, voll Vertrauen und Hoffnung. Wir denken dabei spontan an den Neuen Bund, an die Neuheit, die Christus und sein Evangelium ist.

¶ Daran erinnert uns der hl. Augustinus. Bei der Deutung dieses Psalms legt er auch die Worte aus: »auf der zehnsaitigen Harfe will ich dir spielen«. Die zehnsaitige Harfe ist für ihn das in den Zehn Geboten zusammengefasste Gesetz. Aber mit diesen zehn Saiten, diesen Zehn Geboten müssen wir richtig umzugehen verstehen. Und nur wenn diese zehn Saiten der Zehn Gebote – so sagt der hl. Augustinus – von der Liebe des Herzens zum Klingen gebracht werden, klingen sie gut. Die Liebe ist die Erfüllung des Gesetzes. Wer die Gebote als einen Aspekt der einen und einzigen Liebe lebt, singt in Wahrheit das »neue Lied«. Die Liebe, die uns mit der Gesinnung Christi vereint, ist das wahre »neue Lied« des »neuen Menschen«, der in der Lage ist, auch eine »neue Welt« zu schaffen. Dieser Psalm lädt uns ein, »auf der zehnsaitigen Harfe« zu spielen, mit einem neuen Herzen, mit der Gesinnung Christi, die zehn Gebote in der Haltung der Liebe zu leben und so zu Frieden und Eintracht der Welt beizutragen (vgl. Psalmenkommentar 143,16; Nuova Biblioteca Agostiniana, XXVIII, Rom 1977, S. 677).

¶ *»Ein neues Lied will ich, o Gott, dir singen« (Ps 144,9). Mit diesen Wort beginnt der Psalmabschnitt, der der heutigen Katechese zugrunde liegt. Die beglückende Neuheit zeigt sich für den Psalmisten im Sieg über die Feinde, in gesund heranwachsenden Kindern und im Wohlergehen der Stadt. Der tiefere Grund dieser wichtigen Güter kommt im letzten Vers zum Ausdruck: »Glücklich das Volk, dessen Gott der Herr ist!« (V. 15).*

¶ *Auch wir sind eingeladen, unser Leben ganz auf Gott auszurichten, ihn als unseren wahren Herrn anzuerkennen und so die heilbringende Kraft der Gnade Christi zu erfahren. Seine Liebe soll alles durchdringen und das Leben der Kirche und der Gesellschaft erneuern. Der heilige Augustinus ruft uns dazu in Erinnerung: »Glaube nicht, dass die Gnade vom Ge-*

setz kommt; denn in Wirklichkeit können wir nur mit der Kraft der Gnade das Gesetz erfüllen. […] Die Erfüllung des Gesetzes ist die Liebe«.

Benedikt XVI. am 25. Januar 2006

GOTT
DER ERLÖST

Psalm 115

1 Nicht uns, o Herr, bring zu Ehren,
nicht uns, sondern deinen Namen,
in deiner Huld und Treue!
2 Warum sollen die Völker sagen:
»Wo ist denn ihr Gott?«
3 Unser Gott ist im Himmel;
alles, was ihm gefällt, das vollbringt er.
4 Die Götzen der Völker sind nur Silber und Gold,
ein Machwerk von Menschenhand.
5 Sie haben einen Mund und reden nicht,
Augen und sehen nicht;
6 sie haben Ohren und hören nicht,
eine Nase und riechen nicht;
7 mit ihren Händen können sie nicht greifen,
mit den Füßen nicht gehen,
sie bringen keinen Laut hervor aus ihrer Kehle.
8 Die sie gemacht haben, sollen ihrem Machwerk / gleichen,
alle, die den Götzen vertrauen.
9 Israel, vertrau auf den Herrn!
Er ist für euch Helfer und Schild.
10 Haus Aaron, vertrau auf den Herrn!
Er ist für euch Helfer und Schild.
11 Alle, die ihr den Herrn fürchtet, vertraut auf den Herrn!
Er ist für euch Helfer und Schild.

12 Der Herr denkt an uns, er wird uns segnen,
er wird das Haus Israel segnen,
er wird das Haus Aaron segnen.
13 Der Herr wird alle segnen, die ihn fürchten,
segnen Kleine und Große.
14 Es mehre euch der Herr,
euch und eure Kinder.
15 Seid gesegnet vom Herrn,
der Himmel und Erde gemacht hat.
16 Der Himmel ist der Himmel des Herrn,
die Erde aber gab er den Menschen.
17 Tote können den Herrn nicht mehr loben,
keiner, der ins Schweigen hinabfuhr.
18 Wir aber preisen den Herrn
von nun an bis in Ewigkeit.
Halleluja!

Liebe Brüder und Schwestern!

1. Im soeben gehörten Psalm 115 (113B), der zu den Psalmen gehört, die in der Vesper gebetet werden, treffen der lebendige Gott und der tote Götze aufeinander. Die alte griechische Bibeltradition der sogenannten Septuaginta, gefolgt von der lateinischen Version der frühchristlichen Liturgie, hat diesen zur Ehre des wahren Herrn verfassten Psalm mit dem vorhergehenden Psalm verknüpft. Daraus ist ein einziger Text entstanden, der aber deutlich erkenn-

bar in zwei verschiedene Abschnitte unterteilt ist (vgl. Ps 115: Ps 113 A und 113 B).

¶ Zu Beginn wird die Herrlichkeit des Herrn gepriesen, woraufhin das auserwählte Volk seinen Gott als den allmächtigen Schöpfer vorstellt: »Unser Gott ist im Himmel; alles, was ihm gefällt, das vollbringt er« (Ps 115,3). »Huld und Treue« sind typische Eigenschaften des Bundesgottes im Bezug auf das von ihm erwählte Volk Israel (vgl. V. 1). So werden Kosmos und Geschichte seiner Herrschaft untergeordnet, die eine Macht der Liebe und des Heils ist.

2. Dem von Israel angebeteten wahren Gott werden sogleich »die Götzen der Völker« gegenübergestellt (V. 4). Der Götzendienst ist eine Versuchung für die ganze Menschheit in jedem Land und zu jeder Zeit. Der Götze ist tot, Machwerk des Menschen, eine kalte, leblose Statue. Der Psalmist beschreibt sie ironisch in ihren sieben völlig nutzlosen Teilen: dem Mund, der nicht redet; den Augen, die nicht sehen; den Ohren, die nicht hören; einer Nase, die nicht riecht; Händen, die nicht greifen können; Füßen, die nicht gehen können; einer Kehle, die keinen Laut hervorbringt (vgl. V. 5–7).

¶ Nach dieser schonungslosen Kritik an den Götzen spricht der Psalmist den sarkastischen Wunsch aus: »Die sie gemacht haben, sollen ihrem Machwerk gleichen, alle, die den Götzen vertrauen« (vgl. V. 8). Es ist ein Wunsch, der so eindringlich ausgesprochen wird, dass er eine radikale Abschreckung vor dem Götzendienst hervorruft. Wer die Götzen des Reichtums, der Macht, des Erfolges anbetet, verliert seine Würde als menschliche Person. Der Prophet Jesaja sagte: »Ein Nichts sind alle, die ein Götterbild formen; ihre geliebten Götzen nützen nichts. Wer sich zu seinen Göttern bekennt, sieht nichts, ihm fehlt es an Einsicht; darum wird er beschämt« (Jes 44,9).

3. Hingegen wissen die Gläubigen des Herrn, dass der lebendige Gott für sie »Helfer und Schild« ist (vgl. 115,9–13). Sie werden in drei Gruppen vorgestellt: Da ist vor allem das »Haus Israel«, das heißt das ganze Volk, die Gemeinschaft, die sich im Tempel zum Gebet versammelt. Dort ist auch das »Haus Aaron«, das auf die Priester, die Wächter und Verkünder des Gotteswortes, verweist, die berufen sind, den Gottesdienst zu leiten. Am Schluss werden diejenigen gerufen, die den Herrn fürchten, das heißt die wahren und standhaften Gläubigen – und als solche werden nach dem babylonischen Exil und im späteren Judentum auch die Heiden bezeichnet, die sich mit aufrichtigem Herzen und echter Sehnsucht der Gemeinschaft und dem Glauben Israels nähern, wie zum Beispiel der römische Hauptmann Kornelius (vgl. Apg 10,1–2.22), der dann durch Petrus zum Christentum bekehrt wurde.

¶ Auf diese drei Gruppen von wahren Gläubigen kommt der Segen Gottes herab (vgl. Ps 115,12–15). Er ist nach biblischem Verständnis Quelle der Fruchtbarkeit: »Es mehre euch der Herr, euch und eure Kinder« (V. 14). Abschließend stimmen die Gläubigen, die sich über das vom lebendigen Gott und Schöpfer erhaltene Geschenk des Lebens freuen, ein kurzes Loblied an und erwidern den heilbringenden Segen Gottes mit ihrem dankbaren und vertrauensvollen Lobpreis (vgl. V. 16–18).

4. Einer der Väter der Kirche des Orients, Gregor von Nyssa (4. Jahrhundert), verweist in seiner fünften Homilie über das Hohelied der Liebe auf unseren Psalm, wenn er den Übergang der Menschheit »vom Eis des Götzendienstes zum Frühling des Heils« beschreibt. Denn, so merkt Gregor an, die menschliche Natur hatte sich gleichsam selbst in die »unbeweglichen starren Wesen« verwandelt, die »zu Kultobjekten gemacht worden waren«, wie es geschrieben steht: »Die sie gemacht haben, sollen ihrem Machwerk gleichen, alle, die den Götzen vertrauen.« (V. 8) »Es versteht sich von selbst, dass es so geschah. Denn so wie jene, die den wahren Gott im Blick haben, die Eigenschaften der göttlichen Natur in ihrem Innern empfangen, so verwandelt sich derjenige, der sich der Eitelkeit der Götzen verschrieben hat, vom Menschen, der er war, in das, was er im Blick gehabt hat, und wird zu Stein. Weil also die wegen des Götzendienstes zu Stein gewordene menschliche Natur gegenüber dem Guten starr und im Eis des Götzendienstes festgefroren war, ist über dem harten Winter die Sonne der Gerechtigkeit aufgegangen und

hat den Frühling mit der warmen Mittagsluft gebracht, die das Eis schmelzen lässt und mit den aufsteigenden Strahlen dieser Sonne alles erwärmt, was sich darunter befindet; und so ist der durch dieses Eis zu Stein gewordene Mensch, vom Geist erwärmt und vom Strahl des göttlichen Wortes erweicht, wieder zum Wasser geworden, das für das ewige Leben sprudelt« (Omelie sul Cantico dei cantici, Roma 1988, S. 133–134).

¶ *Der suchende Mensch steht in der Gefahr einer Versuchung. Den leeren Götzen traut er mehr als dem lebendigen Gott. Doch bleibt der Götze unbeseelt, kalt und leblos. Wer die Götzen des Reichtums, der Macht und des Erfolgs verehrt, verliert die Menschlichkeit.*

¶ *Die Gläubigen aber wissen: Der lebendige Gott allein ist »Helfer und Schild« (Ps 115,9–11). Der Herr schenkt Heil und führt zum Leben.*

Johannes Paul II. am 1. September 2004

Psalm 116,1–9

1 Ich liebe den Herrn;
denn er hat mein lautes Flehen gehört
2 und sein Ohr mir zugeneigt
an dem Tag, als ich zu ihm rief.
3 Mich umfingen die Fesseln des Todes,
mich befielen die Ängste der Unterwelt,
mich trafen Bedrängnis und Kummer.
4 Da rief ich den Namen des Herrn an:
»Ach Herr, rette mein Leben!«
5 Der Herr ist gnädig und gerecht,
unser Gott ist barmherzig.
6 Der Herr behütet die schlichten Herzen;
ich war in Not und er brachte mir Hilfe.
7 Komm wieder zur Ruhe, mein Herz!
Denn der Herr hat dir Gutes getan.
8 Ja, du hast mein Leben dem Tod entrissen,
meine Tränen (getrocknet),
meinen Fuß (bewahrt vor) dem Gleiten.
9 So gehe ich meinen Weg vor dem Herrn
im Land der Lebenden.

Liebe Brüder und Schwestern!

1. In Psalm 116, der soeben verkündet wurde, drückt der Psalmist, nachdem seine inständige Bitte erhört worden ist, seine dankbare Liebe zum Herrn aus: »Ich liebe den

Herrn; denn er hat mein lautes Flehen gehört und sein Ohr mir zugeneigt an dem Tag, als ich zu ihm rief« (V. 1–2). Gleich nach dieser Liebeserklärung folgt eine genaue Beschreibung der Todesgefahr, die das Leben des Betenden bedroht hatte (vgl. V. 3–6).

¶ Das Drama wird durch die in den Psalmen gebräuchlichen Symbole dargestellt. Die Stricke, die das Dasein umschlingen, sind die des Todes; die Fesseln, die es bedrükken, sind die Windungen der Unterwelt, die die Lebenden unaufhörlich hinunter ziehen wollen (vgl. Spr 30,15–16).

2. Der Mensch wird mit einer Beute verglichen, die dem unerbittlichen Jäger in die Falle gegangen ist. Der Tod umfängt ihn wie eine Fessel (vgl. Ps 116,3). Der Betende befand sich in Todesgefahr, in einer schmerzlichen psychischen Lage. »Mich trafen Bedrängnis und Kummer« (V. 3). Aber aus dem tiefen Abgrund kam ein lauter Hilferuf an den einzigen, der die Hand ausstrecken und den angsterfüllten Beter aus dem unentwirrbaren Durcheinander befreien konnte: »Ach Herr, rette mein Leben!« (V. 4).

¶ Es ist ein kurzes, flehentliches Gebet des Menschen, der sich in einer verzweifelten Lage befindet und sich an den einzigen Rettungsanker klammert. So schrien die Jünger im Sturm (vgl. Mt 8,25), so flehte Petrus, als er über das Wasser ging und begann unterzugehen (vgl. Mt 14,30).

3. Nachdem er gerettet worden ist, verkündet der Betende, dass der Herr »gnädig und gerecht«, ja »barmherzig« ist (Ps 116,5). Das letzte Eigenschaftswort deutet im hebräischen Original die Zärtlichkeit der Mutter an und erinnert an deren »Innerstes«.

¶ Das wahre Vertrauen empfindet Gott den Herrn immer als Liebe, auch wenn es manchmal schwer ist, den Verlauf seines Handelns zu erahnen. Jedenfalls ist es sicher, dass »der Herr die schlichten Herzen behütet« (V. 6). In Not und Verlassenheit kann man immer auf ihn, den »Vater der Waisen und Anwalt der Witwen« (Ps 68,6), zählen.

4. Jetzt beginnt der Psalmist in seinem Herzen ein Gespräch, das im nachfolgenden Psalm wiedergegeben wird und mit unserem Psalm verbunden wurde. Das geschah in der jüdischen Tradition, so dass nach der hebräischen Nummerierung des Psalteriums ein einziger Psalm 116 entstanden ist. Der Psalmist versucht, nach der tödlichen Gefahr wieder innerlich zur Ruhe zu kommen (vgl. Ps 116,7).

¶ Der Herr, der mit Glauben angerufen wurde, hat die Hand ausgestreckt, hat die Fesseln durchschnitten, die den Beter gefangen hielten, hat die Tränen in seinen Augen getrocknet und hat seinen raschen Absturz in die Tiefe der Unterwelt verhindert (vgl. V. 8). Die Wende ist jetzt klar, und das Lied endet mit einem leuchtenden Bild: Der Betende kehrt in das »Land der Lebenden« zurück, das heißt auf die Straßen der Welt, um seinen »Weg vor dem Herrn« zu gehen. Er vereint sich mit der betenden Gemeinschaft im Tempel, eine Vorwegnahme der Gemeinschaft mit Gott, die am Ende seines Lebens auf ihn wartet (vgl. V. 9).

5. Wir möchten zum Schluss die wichtigsten Stellen des Psalms wiederholen, indem wir uns von einem großen christlichen Schriftsteller des dritten Jahrhunderts, Origenes, führen lassen, dessen griechischer Kommentar zu Psalm 116 in der lateinischen Version des hl. Hieronymus auf uns gekommen ist.

¶ Während er liest, dass der Herr »sein Ohr zugeneigt« hat, kommentiert er: »Wir sind klein und niedrig, aber wir können uns nicht größer machen und in die Höhe strekken; deshalb neigt der Herr sein Ohr und lässt sich herab, uns anzuhören. Schließlich sind wir Menschen und können keine Götter werden; Gott ist Mensch geworden und hat sich uns zugeneigt, wie es geschrieben steht: ›Er neigte den Himmel und fuhr herab‹ (Ps 18,10).«

¶ In der Tat, so fährt der Psalm fort, »der Herr behütet die schlichten Herzen« (Ps 116,6). »Wenn jemand groß ist, erhebt er sich und wird stolz. Diesen beschützt der Herr nicht; und wenn jemand sich für groß hält, hat der Herr kein Erbarmen mit ihm; aber wenn sich jemand erniedrigt, erweist sich der Herr barmherzig ihm gegenüber und behütet ihn. So dass er sagt: ›Seht, ich und die Kinder, die der Herr mir geschenkt hat‹ (Jes 8,18). Und weiter: ›Ich habe mich erniedrigt, und er hat mich gerettet‹.«

¶ So kann derjenige, der klein und in Not ist, zur Ruhe kommen, wie es im Psalm heißt (vgl. Ps 116,7) und wie Origenes kommentiert: »Wenn es heißt: ›Komm wieder zur Ruhe‹, dann bedeutet das, dass dieser Mensch zuerst ruhig war, aber dann die Ruhe verloren hat … Gott hat uns gut erschaffen, und er hat uns zu Herren über unsere Entscheidungen gemacht, und er hat uns alle mit Adam ins Paradies gesetzt. Aber auf Grund unserer freien Entscheidung sind wir von dieser Seligkeit hinabgestürzt und in diesem Tal der Tränen gelandet; deshalb fordert der Gerechte sein Herz auf, dorthin zurückzukehren, von wo er abgestürzt ist … ›Komm wieder zur Ruhe, mein Herz! Denn der Herr hat dir Gutes getan‹. Wenn du, Herz, ins Paradies zurückkehrst, dann nicht, weil du dessen würdig bist, sondern weil es Werk der göttlichen Barmherzigkeit ist. Wenn du aus dem Paradies ausgezogen bist, dann aus eigener Schuld; deine Rückkehr hingegen ist Werk der Barmherzigkeit des Herrn. Lasst auch uns zu unserem Herzen sagen: ›Komm wieder Ruhe‹. Unsere Ruhe ist Christus, unser Gott« (Origene-Gerolamo, 74 Omelie sul libro dei Salmi, Milano 1993, S. 409.412–413).

¶ *Psalm 116 bringt die große Bedeutung des Gebets zum Ausdruck. In Not und Gefahr ruft der gläubige Mensch zum Herrn. Er klammert sich an Gott, sein einziges Heil. Ihm erweist er dankbare Liebe für alle Hilfe, die er erfahren darf.*

¶ *Wahrer Glaube erkennt Gott als Liebe, auch wenn die tiefsten Gründe der Geschehnisse oftmals schwer zu begreifen sind. Das Gebet ist eine sichere Hilfe, um das liebevolle Antlitz des Herrn neu zu entdecken. Gott verlässt seine Gläubigen nicht. Er bürgt dafür, dass trotz aller Prüfungen und Leiden am Ende das Gute siegen wird.*

Johannes Paul II. am 26. Januar 2005

Psalm 122

1 [Ein Wallfahrtslied Davids.]
Ich freute mich, als man mir sagte:
»Zum Haus des Herrn wollen wir pilgern.«
2 Schon stehen wir in deinen Toren, Jerusalem:
3 Jerusalem, du starke Stadt,
dicht gebaut und fest gefügt.
4 Dorthin ziehen die Stämme hinauf, die Stämme /
des Herrn, wie es Israel geboten ist,
den Namen des Herrn zu preisen.
5 Denn dort stehen Throne bereit für das Gericht,
die Throne des Hauses David.
6 Erbittet für Jerusalem Frieden!
Wer dich liebt, sei in dir geborgen.
7 Friede wohne in deinen Mauern,
in deinen Häusern Geborgenheit.
8 Wegen meiner Brüder und Freunde
will ich sagen: In dir sei Friede.
9 Wegen des Hauses des Herrn, unseres Gottes,
will ich dir Glück erflehen.

Liebe Brüder und Schwestern!

1. Wir haben soeben eines der schönsten und bewegendsten Wallfahrtslieder als Gebet gehört und genossen. Es handelt sich um Psalm 122, um eine lebendige und viel-

besuchte Feier in der Heiligen Stadt Jerusalem, zu der die Pilger hinaufziehen.

¶ Gleich zu Beginn werden zwei Erlebnisse des Gläubigen miteinander in Verbindung gebracht: der Tag, an dem er die Einladung angenommen hat, »zum Haus des Herrn zu pilgern« (vgl. V. 1), und die frohe Ankunft an den »Toren« Jerusalems (vgl. V. 2); jetzt betreten die Füße endlich den ersehnten heiligen Boden. Da öffnen sich auch die Lippen zu einem feierlichen Lied zu Ehren Zions, der in seinem tiefen geistlichen Sinn betrachtet wird.

2. Jerusalem, »die dicht gebaute und fest gefügte Stadt« (vgl. V. 3), Symbol für Sicherheit und Festigkeit, ist das Zentrum der Einheit der zwölf Stämme Israels, die auf sie als den Mittelpunkt ihres Glaubens und ihres Kultes zugehen. Denn sie ziehen dort hinauf, um »den Namen des Herrn zu preisen« (V. 4) an dem Ort, den das »Gesetz Israels« (Dtn 12,13–14; 16,16) zum einzigen rechtmäßigen und vollkommenen Heiligtum bestimmt hat.

¶ In Jerusalem gibt es noch eine andere bedeutsame Wirklichkeit, die gleichfalls Zeichen für Gottes Gegenwart in Israel ist: Es sind »die Throne des Hauses David« (vgl. Ps 122,5), die auf die Herrschaft der davidischen Dynastie verweisen, Ausdruck des göttlichen Handelns in der Geschichte, das zum Messias führen sollte (2 Sam 7,8–16).

3. Die »Throne des Hauses David« werden auch »Throne für das Gericht« genannt (vgl. Ps 122,5), denn der König war der oberste Richter. Deshalb war die politische Hauptstadt Jerusalem auch der oberste Gerichtsort, wo die Rechtsstreitigkeiten in letzter Instanz beigelegt wurden. Wenn also die jüdischen Pilger vom Zion kamen, kehrten sie gerechter und versöhnter in ihre Dörfer zurück.

¶ Der Psalm entwirft somit ein Idealbild von der religiösen und sozialen Rolle der Heiligen Stadt und zeigt, dass die biblische Religion weder abstrakt noch furchterregend ist, sondern Sauerteig der Gerechtigkeit und Solidarität. Auf die Gemeinschaft mit Gott folgt notwendigerweise die Gemeinschaft der Brüder untereinander.

4. Wir kommen jetzt zur abschließenden Bitte (vgl. V. 6–9). Sie ist ganz dem Rhythmus des jüdischen Wortes »shalom«, »Frieden«, angepasst, das in der Tradition als Wortstamm des Namens der Heiligen Stadt Jerushalajim galt, der »Stadt des Friedens«.

¶ Bekanntlich weist »shalom« auf den messianischen Frieden hin, der Freude, Wohlergehen, Glück und Reichtum bedeutet. Ja, im Abschiedsgruß, den der Pilger an den Tempel, an das »Haus des Herrn, unseres Gottes«, richtet, fügt er zum Frieden das »Glück« hinzu: »… will ich dir Glück erflehen« (V. 9). Wir haben also eine Vorwegnahme des franziskanischen Grußes »Pace e bene!« vor uns. Wir alle haben ja ein bisschen einen franziskanischen Geist.

Es ist ein Segenswunsch über die Gläubigen, die die Heilige Stadt lieben, über ihre physische Wirklichkeit der Mauern und Paläste, in denen das Leben eines Volkes pulsiert, über alle Brüder und Freunde. Auf diese Weise wird Jerusalem ein Ort der Harmonie und des Friedens.

5. Wir beenden unsere Betrachtung über Psalm 122 mit einem Denkanstoß, der von den Kirchenvätern stammt, für die das alte Jerusalem das Zeichen eines anderen Jerusalem war, auch einer »starken Stadt, dicht gebaut und fest gefügt »Diese Stadt« – schreibt Gregor der Große in seinen Homilien über Ezechiel – »hat hier schon ein großes Gebäude im Verhalten der Heiligen. In einem Bauwerk stützt ein Stein den andern, denn man legt einen Stein auf den anderen, und wer einen anderen stützt, der wird seinerseits von einem anderen gestützt. Genau so wird jeder in der Heiligen Kirche gestützt und stützt den anderen. Die Nachbarn stützen sich gegenseitig, und so entsteht mit ihrer Hilfe das Bauwerk der Liebe. Deshalb ermutigt der Apostel Paulus: ›Einer trage des anderen Last; so werdet ihr das Gesetz Christi erfüllen‹ (Gal 6,29). Er unterstreicht die Stärke dieses Gesetzes und sagt: ›Also ist die Liebe die Erfüllung des Gesetzes‹ (Röm 13,10). Denn wenn ich mich nicht anstrenge, euch so anzunehmen, wie ihr seid, und wenn ihr euch nicht bemüht, mich so anzunehmen, wie ich bin, kann unter euch das Bauwerk der Liebe nicht entstehen, obwohl wir doch durch gegenseiti-

ge und geduldige Liebe verbunden sind.« Zur Abrundung des Bildes ist nicht zu vergessen, dass »es ein Fundament gibt, das das ganze Gewicht des Bauwerks trägt, und das ist unser Erlöser, der ganz allein all unsere Verhaltensweisen erträgt. Von ihm sagt der Apostel: ›Denn einen anderen Grund kann niemand legen als den, der gelegt ist: Jesus Christus‹ (1 Kor 3,11). Das Fundament trägt die Steine und wird nicht von den Steinen getragen; das heißt, unser Erlöser trägt die Last all unserer Sünden, aber in ihm war keine Sünde zu tragen« (2,1,5: Opere di Gregorio Magno, III/2, Rom 1993, S. 27.29).

¶ Mit diesen Worten erklärt uns der heilige Papst Gregor der Große, welche konkrete Bedeutung der Psalm für unseren Lebenswandel hat. Er sagt uns, dass wir in der Kirche von heute ein wahres Jerusalem sein sollen, das heißt ein Ort des Friedens, wo »einer den anderen trägt«, so wie wir beschaffen sind; »wir tragen einander« in der freudigen Gewissheit, dass der Herr »uns alle trägt«. Damit wächst die Kirche als wahres Jerusalem, als Stätte des Friedens. Wir wollen aber auch für die Stadt Jerusalem beten, dass sie immer mehr ein Ort der Begegnung zwischen den Religionen und Völkern, dass sie wirklich ein Ort des Friedens sei.

¶ *Zu Beginn haben wir den Psalm 122 gehört. Dieses alttestamentliche Wallfahrtslied lädt dazu ein, voll Freude nach Jerusalem zu pilgern, um den Herrn zu preisen. Für den Psalmisten ist die Stadt Gottes ein Ort der Gerechtigkeit, des Friedens und des Glücks.*

¶ *Wir Christen sehen die Stadt Jerusalem auch als Bild für die Kirche, die »fest gebaut und dicht gefügt« (V. 3) bleibenden Frieden und wahres Glück schenkt. Gregor der Große erklärt in einer Homilie, wie dieses geistliche Gebäude bestehen kann: Jeder von uns ist ein lebendiger Stein, der von seinen Mitchristen gestützt wird und selbst die Last der anderen trägt. »Einer trage des anderen Last!« (Gal 6,2). Nur die Liebe kann unsere Gemeinschaft zusammenhalten. Andererseits braucht jedes Bauwerk ein festes Fundament. Die Kirche ist auf Christus gebaut, den Erlöser, der unsere Sünden getragen hat und uns das ewige Heil schenkt.*

Benedikt XVI. am 12. Oktober 2005

Psalm 130

1 [Ein Wallfahrtslied.]
Aus der Tiefe rufe ich, Herr, zu dir:
2 Herr, höre meine Stimme!
Wende dein Ohr mir zu,
achte auf mein lautes Flehen!
3 Würdest du, Herr, unsere Sünden beachten,
Herr, wer könnte bestehen?
4 Doch bei dir ist Vergebung,
damit man in Ehrfurcht dir dient.
5 Ich hoffe auf den Herrn, es hofft meine Seele,
ich warte voll Vertrauen auf sein Wort.
6 Meine Seele wartet auf den Herrn
mehr als die Wächter auf den Morgen.
Mehr als die Wächter auf den Morgen
7 soll Israel harren auf den Herrn.
Denn beim Herrn ist die Huld,
bei ihm ist Erlösung in Fülle.
8 Ja, er wird Israel erlösen
von all seinen Sünden.

Liebe Brüder und Schwestern!

1. Soeben wurde einer der bekanntesten und beliebtesten Psalmen der christlichen Tradition vorgetragen. Er wird nach seinen lateinischen Anfangsworten »De profundis« genannt. Mit dem »Miserere« ist er in der Volks-

frömmigkeit einer der bevorzugten Bußpsalmen geworden.

¶ Abgesehen von seiner Verwendung bei Begräbnissen, ist der Text vor allem ein Lied, das der göttlichen Barmherzigkeit und der Versöhnung zwischen dem Sünder und dem Herrn gewidmet ist, einem gerechten Gott, der aber immer bereit ist, sich als »ein barmherziger und gnädiger Gott, langmütig, reich an Huld und Treue« zu erweisen. »Er bewahrt Tausenden Huld, nimmt Schuld, Frevel und Sünde weg« (Ex 34,6–7). Gerade aus diesem Grund ist unser Psalm in die Vesperliturgie von Weihnachten und der ganzen Weihnachtsoktav aufgenommen, ebenso in die vom vierten Ostersonntag und vom Hochfest der Verkündigung des Herrn.

2. Psalm 130 beginnt mit einem Ruf, der aus der Tiefe des Bösen und der Schuld aufsteigt (vgl. V. 1–2). Das Ich des Beters wendet sich an den Herrn und spricht: »Aus der Tiefe rufe ich, Herr, zu dir.« Der Psalm entfaltet sich dann in drei Abschnitten, die dem Thema Sünde und Vergebung gewidmet sind. Man wendet sich vor allem an Gott, der direkt mit Du angesprochen wird: »Würdest du, Herr, unsere Sünden beachten, Herr, wer könnte bestehen? Doch bei dir ist Vergebung, damit man in Ehrfurcht dir dient« (V. 3–4).

¶ Bedeutsam ist die Tatsache, dass die Ehrfurcht, eine aus Achtung und Liebe bestehende Haltung, nicht von der

Strafe, sondern von der Vergebung hervorgerufen wird. Es ist nicht der Zorn Gottes, sondern seine großmütige und entwaffnende Hochherzigkeit, die in uns eine heilige Ehrfurcht weckt. Denn Gott ist kein unerbittlicher Herrscher, der den Schuldigen verdammt, sondern ein liebevoller Vater, den wir nicht aus Furcht vor einer Strafe, sondern wegen seiner Güte lieben sollen, die zur Vergebung bereit ist.

3. Im Mittelpunkt des zweiten Abschnitts steht das Ich des Beters, der sich nicht mehr an den Herrn wendet, aber von ihm spricht: »Ich hoffe auf den Herrn, es hofft meine Seele, ich warte voll Vertrauen auf sein Wort. Meine Seele wartet auf den Herrn mehr als die Wächter auf den Morgen« (V. 5–6). Jetzt erwachen im Herzen des reumütigen Psalmisten die Erwartung, die Hoffnung, die Gewissheit, dass Gott ein befreiendes Wort sprechen und die Sünde tilgen wird.

¶ Der dritte und letzte Abschnitt im Verlauf des Psalms weitet sich auf ganz Israel aus, auf das Volk, das oft sündigt und sich der Notwendigkeit der heilbringenden Gnade Gottes bewusst ist: »Israel soll harren auf den Herrn. Denn beim Herrn ist die Huld, bei ihm ist Erlösung in Fülle. Ja, er wird Israel erlösen von all seinen Sünden« (V. 7–8).

¶ Das persönliche Heil, um das der Beter zuerst gefleht hat, schließt jetzt die ganze Gemeinschaft mit ein. Der Glaube des Psalmisten wird in den geschichtlichen Glauben des Bundesvolkes eingepflanzt, das der Herr nicht nur aus den Bedrängnissen der ägyptischen Sklaverei, sondern auch »von all seinen Sünden« erlöst hat. Wir glauben, dass das erwählte Volk, das Volk Gottes nun wir sind. Unser Glaube fügt uns in den gemeinsamen Glauben der Kirche ein. Und auf diese Weise schenkt er uns die Gewissheit, dass Gott uns voll Güte zugetan ist und uns von unserer Schuld befreit.

¶ Ausgehend von der tiefen Finsternis der Sünde, steigt die Bitte des »De profundis« auf zum hellen Horizont Gottes, wo »Erbarmen und Erlösung« herrschen, zwei wunderbare Eigenschaften Gottes, der die Liebe ist.

4. Widmen wir uns jetzt der Meditation, die die christliche Tradition zu diesem Psalm entfaltet hat. Wir wählen das Wort des hl. Ambrosius in seinen Schriften, wo er oft die Motive nennt, die den Impuls dazu geben, Gott um Vergebung zu bitten.

¶ »Wir haben einen guten Herrn, der allen vergeben will«, schreibt er im Traktat über die Buße, und er fügt hinzu: »Wenn du Rechtfertigung erlangen willst, bekenne deine Missetat: ein demütiges Sündenbekenntnis löst das Gewirr der Schuld … Du erkennst, mit welcher Hoffnung auf Vergebung es dich drängt zu beichten« (2,6,40–4: Sancti Ambrosii Episcopi Mediolanensis Opera – SAEMO, XVII, Mailand/Rom 1982, S. 253).

¶ In der Auslegung des Lukasevangeliums wiederholt der Bischof von Mailand diese Einladung und drückt das Staunen über die Gaben aus, die Gott zusammen mit seiner Vergebung austeilt: »Sieh, wie gut Gott ist und wie er bereit ist, die Sünden zu vergeben. Er gibt nicht nur das zurück, was er genommen hat, sondern er macht auch unverhoffte Geschenke.« Zacharias, der Vater von Johannes dem Täufer, war stumm geworden, weil er dem Engel nicht geglaubt hatte, aber dann hat Gott ihm vergeben und ihm im Gesang des Benedictus die Gabe des prophetischen Redens gegeben: »Er, der vor kurzem stumm war, weissagt jetzt bereits«, schreibt Ambrosius, »das ist eine der größten Gnaden des Herrn, dass gerade diejenigen, die ihn verleugnet hatten, ihn jetzt bekennen. Deshalb soll niemand den Mut verlieren, niemand an der göttlichen Belohnung zweifeln, auch wenn ihn die früheren Sünden quälen. Gott ändert seine Meinung, wenn du die Schuld berichtigst« (2,33: SAEMO, XI, Mailand/Rom 1978, S. 175).

¶ *»Aus der Tiefe rufe ich, Herr, zu dir.« Mit diesen Worten beginnt Psalm 130, auf den die heutige Katechese Bezug nimmt. Der wahre Tiefpunkt im Leben eines Menschen ist die Sünde. Sie erniedrigt ihn und entfernt ihn von Gott. In dieser Situation ruft der Sünder im Psalm Gottes Erbarmen an.*

¶ *Eine nur oberflächliche Betrachtung des moralischen Versagens kann dazu verleiten, so zu leben, als müssten wir für unser Tun nicht Rechenschaft ablegen. Kein Mensch kann sich indes dem Urteil Gottes entziehen. Um Verzeihung bitten heißt: unser Geringsein vor Gott anerkennen. Andererseits kann schwere Schuld auch dazu führen, an Gottes Güte und Barmherzigkeit zu zweifeln. Das Psalmwort stiftet hier neues Vertrauen: Beim Herrn ist Vergebung. Sein Erbarmen ist grenzenlos für den Menschen, der seine Schuld bereut.*

Benedikt XVI. am 19. Oktober 2005

Psalm 136,10–26

10 Der die Erstgeburt der Ägypter schlug,
denn seine Huld währt ewig,
11 und Israel herausführte aus ihrer Mitte,
denn seine Huld währt ewig,
12 mit starker Hand und erhobenem Arm,
denn seine Huld währt ewig,
13 der das Schilfmeer zerschnitt in zwei Teile,
denn seine Huld währt ewig,
14 und Israel hindurchführte zwischen den Wassern,
denn seine Huld währt ewig,
15 und den Pharao ins Meer stürzte samt seinem Heer,
denn seine Huld währt ewig.
16 Der sein Volk durch die Wüste führte,
denn seine Huld währt ewig,
17 der große Könige schlug,
denn seine Huld währt ewig,
18 und mächtige Könige tötete,
denn seine Huld währt ewig,
19 Sihon, den König der Amoriter,
denn seine Huld währt ewig,
20 und Og, den König von Baschan,
denn seine Huld währt ewig,
21 und der ihr Land zum Erbe gab,
denn seine Huld währt ewig,
22 der es Israel gab, seinem Knecht,
denn seine Huld währt ewig.

23 Der an uns dachte in unsrer Erniedrigung,
denn seine Huld währt ewig,
24 und uns den Feinden entriss,
denn seine Huld währt ewig,
25 der allen Geschöpfen Nahrung gibt,
denn seine Huld währt ewig.
26 Dankt dem Gott des Himmels,
denn seine Huld währt ewig.

Liebe Brüder und Schwestern!

1. Unsere Betrachtung kehrt zum Lobgesang des Psalms 136 zurück, den die Liturgie der Vesper in zwei aufeinanderfolgenden Abschnitten vorstellt. Sie folgt einer genauen Unterscheidung, die in dem Text auf thematischer Ebene gemacht wird. Denn der Lobpreis der Werke des Herrn entfaltet sich in zwei Bereichen, dem des Raumes und dem der Zeit.

¶ Im ersten Teil (vgl. V. 1–9), der Gegenstand unserer vorhergehenden Meditation war, wurden die in der Schöpfung zum Ausdruck kommenden göttlichen Taten beleuchtet: Sie haben die Wunder des Universums bewirkt. In diesem Teil des Psalms wird der Glaube an Gott, den Schöpfer, verkündet, der sich durch seine kosmischen Geschöpfe offenbart. Jetzt führt uns hingegen der freudige Lobgesang des Psalmisten – von der jüdischen Tradition »das große Hallel« genannt, das heißt das höchste Lob an den Herrn – vor einen anderen Horizont, nämlich den der Geschichte. Der erste Teil behandelt also die Schöpfung als Widerschein der Schönheit Gottes; im zweiten Teil ist die Rede von der Geschichte und dem Guten, das Gott für uns im Lauf der Zeit gewirkt hat. Wie wir wissen, verkündet die biblische Offenbarung wiederholt, dass sich die Gegenwart des göttlichen Erlösers in besonderer Weise in der Heilsgeschichte kundtut (vgl. Dtn 26,5–9; Jos 24,1–13).

2. So ziehen vor dem Beter die Heilstaten des Herrn vorüber, in deren Mittelpunkt das entscheidende Ereignis des Auszugs aus Ägypten steht. Mit ihm eng verbunden ist die mühselige Wanderung durch die Wüste Sinai, deren letztes Ziel das verheißene Land ist, das göttliche Geschenk, das Israel auf allen Seiten der Bibel erfährt.
¶ Der bekannte Durchzug durch das Rote Meer, das »in zwei Teile geteilt war«, gleichsam zerschnitten und gezähmt wie ein besiegtes Ungeheuer (vgl. Ps 136,13), lässt ein freies Volk entstehen, das eine Sendung und eine glorreiche Bestimmung hat (vgl. V. 14–15; Ex 15,1–21), die nach christlicher Lesart als Bild der vollkommenen Befreiung vom Bösen durch die Taufgnade gesehen wird (vgl. 1 Kor 10,1–4). Dann beginnt der Weg durch die Wüste: Dort wird der Herr als Krieger dargestellt, der das beim Durchzug durch das Schilfmeer begonnene Werk fortsetzt und sich auf die Seite seines Volkes stellt, indem er dessen Fein-

de vernichtet. Wüste und Meer sind also ein Bild für den Durchzug durch das Böse und die Unterdrückung, um am Ende das Geschenk der Freiheit und des verheißenen Landes zu erhalten (vgl. Ps 136,16–20).

3. Zum Schluss blickt der Psalm auf dieses Land, das die Bibel enthusiastisch als »prächtiges Land« beschreibt, als »ein Land mit Bächen, Quellen und Grundwasser … ein Land mit Weizen und Gerste, mit Weinstock, Feigenbaum und Granatbaum, ein Land mit Ölbaum und Honig, ein Land, in dem du nicht armselig dein Brot essen musst, in dem dir nichts fehlt, ein Land, dessen Steine aus Eisen sind, aus dessen Bergen du Erz gewinnst« (Dtn 8,7–9). ¶ Dieses emphatische Lob, das die Wirklichkeit dieses Landes weit übersteigt, will das göttliche Geschenk lobpreisen, indem es unsere Sehnsucht auf das höchste Geschenk, nämlich das ewige Leben mit Gott lenkt. Ein Geschenk, das es dem Volk erlaubt, frei zu sein, ein Geschenk, das – wie in der Antiphon ständig wiederholt wird – aus dem »hesed« des Herrn erwächst, das heißt aus seiner »Huld«, aus seiner Treue zu der Verpflichtung, die er durch seinen Bund mit Israel übernommen hat, aus seiner Liebe, die sich ständig durch das »Gedächtnis« enthüllt (vgl. Ps 136,23). In der Zeit der »Erniedrigung«, das heißt der nachfolgenden Prüfungen und Unterdrückungen, entdeckt Israel immer die rettende Hand des Gottes der Freiheit und der Liebe. Auch in Zeiten des Hungers und Elends er-

scheint der Herr, um der ganzen Menschheit Nahrung zu geben und seine Identität als Schöpfer zu bekräftigen (vgl. V. 25).

4. In Psalm 136 treffen also zwei Ebenen der einen göttlichen Offenbarung zusammen, die kosmische (vgl. V. 4–9) und die geschichtliche (vgl. V. 10–25). Ja, Gott ist als Schöpfer und Herr des Seins transzendent, aber er ist auch seinen Geschöpfen nahe, indem er in Raum und Zeit eintritt. Er bleibt nicht außerhalb, im fernen Himmel. Seine Gegenwart unter uns erreicht ihren Höhepunkt in der Menschwerdung Christi.

¶ Das verkündet ganz klar die christliche Neuauslegung des Psalms, und es wird von den Kirchenvätern bezeugt, die in der Hingabe des Sohnes als Erlöser und Retter der Menschheit (vgl. Joh 3,16) den Gipfel der Heilsgeschichte und das höchste Zeichen der barmherzigen Liebe des Vaters erkennen.

¶ Der hl. Cyprian, ein Märtyrer des dritten Jahrhunderts, beginnt deshalb seinen Traktat über gute Werke und Almosen, indem er staunend die Werke betrachtet, die Gott in Christus, seinem Sohn, für sein Volk getan hat, und er bricht am Ende in ein leidenschaftliches Bekenntnis seiner Barmherzigkeit aus. »Zahlreich und groß, liebste Brüder, sind die göttlichen Wohltaten, in denen die reiche und überschwängliche Güte Gottes des Vaters und Christi sich zu unserem Heil wirksam erwiesen hat und sich noch stets

erweist, indem zu unserer Erhaltung und Wiederbelebung der Vater seinen Sohn sandte, um uns erlösen zu können, und indem der Sohn gesandt sein und des Menschen Sohn heißen wollte, um uns zu Gottes Kindern zu machen. Er hat sich erniedrigt, um das Volk, das zuvor darniederlag, empor zu richten, und ließ sich verwunden, um unsere Wunden zu heilen; er ließ sich knechten, um die Geknechteten zur Freiheit zu führen. Er erlitt den Tod, um den Sterblichen die Unsterblichkeit zu verleihen. Zahlreich und groß sind diese Güter der göttlichen Barmherzigkeit« (Traktat über gute Werke und Almosen; in Bibliothek der Kirchenväter, Kempten/München 1918, Band 34, S. 260). Mit diesen Worten kommentiert der heilige Kirchenlehrer den Psalm in einer Litanei der Wohltaten, die Gott uns gewährt hat, und fügt das hinzu, was der Psalmist noch nicht wusste, aber schon erwartete, das wahre Geschenk, das Gott uns gemacht hat: das Geschenk des Sohnes, das Geschenk der Menschwerdung, in der Gott sich uns geschenkt hat und bei uns bleibt, in der Eucharistie und in seinem Wort, alle Tage bis an das Ende der Geschichte. Unsere Schwierigkeit besteht darin, dass das Gedächtnis des Bösen, der erlittenen Bosheiten, oft stärker ist als das Gedächtnis des Guten. Der Psalm dient dazu, in uns auch das Gedächtnis des Guten zu wecken, des vielen Guten, das der Herr an uns getan hat und an uns tut, damit wir sehen können, wenn unser Herz wach wird: Ja, Gottes Huld währt ewig, sie ist Tag für Tag gegenwärtig.

¶ *Psalm 136, das große Hallel des Paschafestes, besingt mit immer neuen Worten Gottes Huld, die Israels Geschichte durchwaltet. Der Beter geht im Geiste den Heilstaten des Herrn nach. Dabei steht das fundamentale Geschichtserlebnis Israels, der Auszug aus Ägypten, im Zentrum: Der beschwerliche Weg durch die Wüste findet sein Ziel im verheißenen Land, dem Gottesgeschenk, das im Volk eine heilige Verpflichtung zum immerwährenden Lob Gottes in Gebet und Tat begründet.*

¶ *Im Durchzug durch das Schilfmeer erblickt die christliche Tradition ein Bild für das Sakrament der Taufe. Gott erweist sich als der Erlöser, »der an uns dachte in unserer Erniedrigung« (V. 23). Der erhabene Schöpfer und Richter sandte seinen Sohn, der sich der bedrängten Menschheit zur Speise gibt (vgl. V. 25). Der heilige Cyprian schreibt über Christus: »Er erniedrigte sich, um das Volk aufzurichten. Er nahm den Tod auf sich, um den Sterblichen die Unsterblichkeit zu gewähren«.*

Benedikt XVI. am 16. November 2005

Psalm 138

1 [Von David.]
Ich will dir danken aus ganzem Herzen,
dir vor den Engeln singen und spielen;
2 ich will mich niederwerfen zu deinem heiligen Tempel
hin und deinem Namen danken für deine Huld /
und Treue.
Denn du hast die Worte meines Mundes gehört,
deinen Namen und dein Wort über alles verherrlicht.
3 Du hast mich erhört an dem Tag, als ich rief;
du gabst meiner Seele große Kraft.
4 Dich sollen preisen, Herr, alle Könige der Welt,
wenn sie die Worte deines Mundes vernehmen.
5 Sie sollen singen von den Wegen des Herrn;
denn groß ist die Herrlichkeit des Herrn.
6 Ja, der Herr ist erhaben;
doch er schaut auf die Niedrigen
und die Stolzen erkennt er von fern.
7 Gehe ich auch mitten durch große Not:
du erhältst mich am Leben.
Du streckst die Hand aus gegen meine wütenden Feinde
und deine Rechte hilft mir.
8 Der Herr nimmt sich meiner an.
Herr, deine Huld währt ewig.
Lass nicht ab vom Werk deiner Hände!

Liebe Brüder und Schwestern!

1. Der Dankhymnus, den wir soeben gehört haben – Psalm 138 – wird von der jüdischen Überlieferung David zugeschrieben, auch wenn er wahrscheinlich erst in der Zeit nach David entstanden ist. Eröffnet wird der Psalm mit einem persönlichen Lied des Beters. Dieser erhebt seine Stimme im Rahmen der Tempelversammlung oder bezieht sich zumindest auf das Heiligtum von Zion, den Ort der Gegenwart des Herrn und seiner Begegnung mit dem Volk der Gläubigen.

¶ In der Tat bekennt der Psalmist, »dass er sich in Richtung des heiligen Tempels von Jerusalem niederwirft« (vgl. V. 2): Dort singt er vor Gott, der mit seiner Engelschar im Himmel ist, aber auch im irdischen Raum des Tempels zuhört (vgl. V. 1). Der Beter ist sich gewiss, dass der »Name« des Herrn, das heißt seine lebendige, tätige personale Wirklichkeit sowie seine Tugenden der Treue und Barmherzigkeit, Zeichen des Bundes mit seinem Volk, die Stütze jedes Vertrauens und jeder Hoffnung sind (vgl. V. 2).

2. Der Blick richtet sich dann für einen Augenblick auf die Vergangenheit, auf den Tag des Leidens: Damals hatte die göttliche Stimme auf den Ruf des angsterfüllten Gläubigen geantwortet. Sie hatte der verstörten Seele Mut eingeflößt (vgl. V. 3). Der hebräische Urtext spricht wörtlich vom Herrn, der »in der Seele« des unterdrückten Gerechten »die Kraft entfacht«: so als würde ein heftiger Wind

hereinbrechen, der Zaudern und Angst vertreibt, eine neue Lebenskraft überträgt und Stärke und Vertrauen erblühen lässt.

¶ Nach dieser anscheinend persönlichen Einleitung erweitert der Psalmist den Blick hin auf die Welt und stellt sich vor, dass sein Zeugnis den ganzen Horizont mit einbeziehe: »alle Könige der Welt« schließen sich, in einer Art universalistischer Zustimmung, in einem gemeinsamen Lobpreis zu Ehren der Größe und souveränen Macht des Herrn dem jüdischen Beter an (vgl. V. 4–6).

3. Der Inhalt dieses vielstimmigen Lobes, das von allen Völkern aufsteigt, zeigt bereits die künftige Kirche der Heiden, die künftige Universalkirche. Dieser Inhalt hat als erstes die »Herrlichkeit« und die »Wege des Herrn« zum Thema (vgl. V. 5), das heißt seine Heilspläne und seine Offenbarung. Man entdeckt auf diese Weise, dass Gott sicher »erhaben« und transzendent ist, aber mit Liebe »auf die Niedrigen schaut«, während er den Stolzen, als Zeichen der Zurückweisung und des Gerichts, von seinem Blick fernhält (vgl. V. 6).

¶ Wie Jesaja verkündete: »Denn so spricht der Hohe und Erhabene, der ewig Thronende, dessen Name ›der Heilige‹ ist: Als Heiliger wohne ich in der Höhe, aber ich bin auch bei den Zerschlagenen und Bedrückten, um den Geist der Bedrückten wiederaufleben zu lassen und das Herz der Zerschlagenen neu zu beleben« (Jes 57,15). Gott trifft also die Wahl, sich auf die Seite der Schwachen, der Opfer, der Geringsten zu stellen und sie zu verteidigen: Das wird übrigens allen Königen bekannt gemacht, damit sie wissen, wie ihre Option bei der Regierung der Völker aussehen soll. Natürlich wird das nicht nur zu den Königen und zu allen Regierungen gesagt, sondern zu uns allen, weil auch wir wissen sollen, welche Entscheidung zu treffen ist, was unsere Option ist: nämlich das Eintreten für die Unterdrückten, Ausgegrenzten, Armen und Schwachen.

4. Nach dieser Einbeziehung der Verantwortlichen der Nationen weltweit, nicht nur der damaligen Zeit, sondern aller Zeiten, kehrt der Beter zum persönlichen Lob zurück (vgl. Ps 138,7–8). Mit einem Blick, der sich nach vorn, in die Zukunft seines Lebens richtet, erfleht er von Gott Hilfe für die Prüfungen, die das Dasein noch für ihn bereithalten wird. Und so beten wir alle mit diesem Beter jener Zeit.

¶ Es wird zusammenfassend von den »wütenden Feinden« gesprochen (V. 7), gleichsam ein Symbol für alle Feindseligkeiten, die sich dem Gerechten auf seinem Gang durch die Geschichte in den Weg stellen können. Doch er weiß, und mit ihm wissen auch wir, dass ihn der Herr niemals verlassen wird, dass er seine Hand ausstrecken wird, um ihm zu helfen und ihn zu führen. So ist das Ende des Psalms ein letztes leidenschaftliches Vertrauensbekenntnis zu Gott, dessen Huld ewig währt: »Er lässt nicht ab vom Werk seiner Hände«, das heißt von seinem Geschöpf (V. 8). Und in diesem Vertrauen, in dieser Gewissheit der Güte Gottes dürfen wir leben.

¶ Wir dürfen sicher sein, dass wir, so schwer und stürmisch die uns erwartenden Prüfungen auch sein mögen, niemals uns selbst überlassen bleiben, niemals aus den Händen des Herrn fallen werden, jenen Händen, die uns geschaffen haben und sich nun auf unserem Lebensweg um uns kümmern. Wie der hl. Paulus bekennen wird: »Er, der bei euch das gute Werk begonnen hat, wird es auch vollenden« (Phil 1,6).

5. So haben auch wir mit einem Psalm des Lobes, Dankes und Vertrauens gebetet. Wir wollen diese Reihe des hymnischen Lobes fortsetzen mit dem Zeugnis eines christlichen Sängers, des großen Ephraim des Syrers (4. Jahrhundert), Verfasser vieler Texte von einem außerordentlichen poetischen und spirituellen Gehalt.

¶ »Wie groß unsere Bewunderung für dich, o Herr, auch sein mag, deine Herrlichkeit übertrifft alles, was unsere Zungen auszudrücken vermögen«, singt Ephraim in einem Hymnus (Hymnen über die Jungfräulichkeit, 7: Die Harfe des Heiligen Geistes) und in einem anderen: »Lob sei dir, für den alle Dinge leicht sind, weil du allmächtig bist« (Hymnen über die Geburt, 11). Ein letzter Grund unseres Vertrauens ist, dass Gott die Macht der Barmherzigkeit besitzt und von seiner Macht für die Barmherzigkeit Gebrauch macht. Und schließlich noch ein letztes Zitat: »Lob sei dir von allen, die deine Wahrheit begreifen« (Hymnen über den Glauben, 14).

¶ *Ein Danklied von besonderer Schönheit erklingt im Psalm 138, den wir heute zum Gegenstand unserer Katechese machen. Er beginnt mit einem Hinweis auf die Gebetsrichtung: Zum Tempel hin, zum Ort der Gegenwart des Herrn, an dem Gott seinem Volk begegnet, wendet sich der Beter des Alten Bundes. Sein ganzer Dank gilt dem »Namen« des Herrn. Dieser steht für die lebendige Wirklichkeit des personalen Gottes, dessen Treue und Barmherzigkeit der Grund des Vertrauens und der Hoffnung seines Volkes sind. Der ganz persönliche Dank für die erfahrene Güte Gottes, für die Erhörung in Stunden der Not, weitet sich schließlich zum universalen Lob: »Dich sollen preisen, Herr, alle Könige der Welt!« (V. 4).*

Benedikt XVI. am 7. Dezember 2005

PSALM 141,1–4.8–9

1 [Ein Psalm Davids.]
Herr, ich rufe zu dir. Eile mir zu Hilfe;
höre auf meine Stimme, wenn ich zu dir rufe.
2 Wie ein Rauchopfer steige mein Gebet vor dir auf;
als Abendopfer gelte vor dir,
wenn ich meine Hände erhebe.
3 Herr, stell eine Wache vor meinen Mund,
eine Wehr vor das Tor meiner Lippen!
4 Gib, dass mein Herz sich bösen Worten nicht zuneigt,
dass ich nichts tue, was schändlich ist,
zusammen mit Menschen, die Unrecht tun.
Von ihren Leckerbissen will ich nicht kosten.
8 Mein Herr und Gott, meine Augen richten sich auf dich;
bei dir berge ich mich. Gieß mein Leben nicht aus!
9 Vor der Schlinge, die sie mir legten, bewahre mich,
vor den Fallen derer, die Unrecht tun!

Liebe Brüder und Schwestern!

1. In den vorhergehenden Katechesen haben wir einen Überblick von der Struktur und dem Wert der Liturgie der Vesper, des großen kirchlichen Abendgebetes, gegeben. Jetzt dringen wir ins Innere vor. Es ist gleichsam ein Pilgern in jene Art »Heiliges Land«, das hier aus Psalmen und Cantica besteht. Wir werden bei jedem einzelnen dieser poetischen Gebete, die Gott mit seiner Inspiration besiegelt

hat, Halt machen. Es sind die Anrufungen, die auf Wunsch des Herrn an ihn zu richten sind. Er hört sie gern, weil er in ihnen den Herzschlag seiner geliebten Kinder vernimmt.

¶ Wir beginnen mit Psalm 141, der die sonntägliche Vesper in der ersten Woche des Vier-Wochen- Psalters eröffnet, in den das Abendgebet der Kirche seit dem Konzil gegliedert ist.

2. »Wie ein Rauchopfer steige mein Gebet vor dir auf; als Abendopfer gelte vor dir, wenn ich meine Hände erhebe.« (V. 2). Vers 2 dieses Psalms kann als kennzeichnend für den ganzen Psalm betrachtet werden und als offensichtliche Berechtigung dafür, dass er in die Liturgie der Vesper eingebaut wurde. Die Idee spiegelt den Geist der prophetischen Theologie wider, die den Kult mit dem Leben, das Gebet mit dem Dasein vereint.

¶ Das Gebet mit reinem und aufrichtigem Herzen wird zu einem Opfer, das Gott dargebracht wird. Das ganze Wesen der Person, die betet, wird ein Opferakt mit der Vorwegnahme dessen, was der Apostel Paulus gelehrt hat, als er die Christen einlud, sich selbst als lebendiges und heiliges Opfer darzubringen, das Gott gefällt; das ist das geistliche Opfer, das er annimmt (vgl. Röm 12,1).

¶ Die zum Gebet erhobenen Hände sind eine Verbindungsbrücke zu Gott, wie es der Rauch ist, der als angenehmer Duft vom Opfertier während des Abendopfers aufsteigt.

3. Der Psalm geht weiter im Ton einer Bitte, die uns von einem Text überliefert ist, der im hebräischen Original nicht wenige Schwierigkeiten und Unverständlichkeiten für die Deutung aufweist (vor allem in den Versen 4–7).

¶ Der allgemeine Sinn kann dennoch erkannt und in Meditation und Gebet verwandelt werden. Der betende Mensch bittet den Herrn vor allem, er möge ihn davor bewahren, dass seine Lippen (V. 3) und die Gefühle seines Herzens vom Bösen angezogen werden und ihn dazu verleiten, etwas zu tun, »was schändlich ist« (V. 4). Denn die Worte und Werke sind Ausdruck der moralischen Entscheidung der Person. Es ist leicht möglich, dass das Böse auch auf den Gläubigen eine große Anziehung ausübt und dass er die »Leckerbissen« verkostet, die die Sünder anbieten können, wenn er sich an ihren Tisch setzt, das heißt an ihrem unrechten Tun teilhat.

¶ Der Psalm bekommt somit den Beigeschmack einer Gewissenserforschung, auf die das Bemühen folgt, immer Gottes Wege zu wählen.

4. Aber an dieser Stelle ist der Beter so tief erschüttert, dass er in leidenschaftlichen Worten jede Komplizenschaft mit dem Frevler ablehnt: Er will bei dem Frevler nicht zu Gast sein und nicht zulassen, dass das für die hochrangigen Gäste vorbehaltene wohlriechende Salböl (vgl. Ps 23,5) ein Beweis ist für seine Mitwisserschaft mit den Menschen, die Unrecht tun (vgl. Ps 140,4). Um seine

radikale Absage an den Frevler noch zu verstärken, spricht der Psalmist ihm dann voller Entrüstung seine Missbilligung aus, die er in drastischen Bildern als ein strenges Gericht beschreibt.

¶ Es handelt sich um einen der typischen Flüche des Psalters (vgl. Ps 58 und 109), die den Zweck haben, plastisch und sogar malerisch die Feindschaft gegenüber dem Bösen und die Entscheidung für das Gute zu beteuern sowie die Gewissheit zu bekräftigen, dass Gott in die Geschichte eingreift durch sein Gericht und die strenge Bestrafung der Ungerechtigkeit (vgl. V. 6–7).

5. Der Psalm endet mit einer letzten vertrauensvollen Bitte (vgl. V. 8–9): Es ist ein Lied des Glaubens, des Dankes und der Freude in der Gewissheit, dass der Gläubige nicht in den Hass einbezogen wird, den die Frevler ihm gegenüber hegen, und dass er nicht in die Falle gerät, die sie ihm stellen, nachdem sie seinen festen Entschluss für das Gute bemerkt hatten. Der Gerechte wird so jeder Gefahr heil entkommen, wie es in einem anderen Psalm heißt: »Unsere Seele ist wie ein Vogel dem Netz des Jägers entkommen: das Netz ist zerrissen, und wir sind frei« (Ps 124,7).

¶ Wir beenden unsere Lektüre des Psalms 141, indem wir zum anfänglichen Bild zurückkehren, dem des Abendgebetes als ein Gott wohlgefälliges Opfer. Ein großer geistlicher Lehrer, Johannes Cassian, der zwischen dem vierten und fünften Jahrhundert gelebt hat, aus dem Orient kam und seinen Lebensabend im südlichen Gallien verbrachte, hat die Psalmworte nach einem christologischen Schlüssel gedeutet: »In ihnen kann man in höherem Sinn eine Anspielung auf das Abendopfer sehen, das vom Herrn und Erlöser während seines letzten Abendmahls vollbracht und den Aposteln aufgetragen wurde, als er den Anfang der heiligen Geheimnisse der Kirche setzte; oder (man kann darin eine Anspielung sehen) an das Opfer, das er am Abend des folgenden Tages in sich selbst durch die Erhebung seiner Hände darbrachte, ein Opfer, das sich bis ans Ende der Zeiten für das Heil der ganzen Welt fortsetzen wird« (Le istituzioni cenobitiche, Abbazia di Praglia, Padova 1989, S. 92).

¶ *Im Vespergebet bringt die Kirche Gott ein frohes Dankopfer dar: »Als Abendopfer gelte vor dir, wenn ich meine Hände erhebe« (Ps 141,2). Das ganze Dasein des betenden Menschen ist in dieses Opfer hineingenommen.*

¶ *Vor Gottes Angesicht prüft der Mensch sein Leben. Der Herr möge ihn vor der Sünde bewahren. So kann er aufs Neue Gottes Wege gehen. Christus, der am Kreuz die Arme ausbreitet, nimmt unsere Bitten in sein Opfer auf.*

JOHANNES PAUL II. AM 5. NOVEMBER 2003

Register